CIÊNCIA do FAÇA VOCÊ MESMO AO AR LIVRE

mais de **25** incríveis atividades para aprendizado ao ar livre

Happy Books

Rodovia Jorge Lacerda, 5086 - Poço Grande
Gaspar - SC | CEP 89115-100

Copyright © 2022 Autumn Publishing

Texto:
Suzanne Fossey

Ilustração:
Karl West

Imagens Adicionais:
© iStock / Getty Images

Direitos exclusivos da edição em Língua Portuguesa
adquiridos por © 2022 Happy Books Editora Ltda.

Tradução:
Central de Traduções & Global Languages LTDA

Revisão:
Karin E. Rees de Azevedo

IMPRESSO NA CHINA

ÍNDICE

COMO SER UM CIENTISTA

É ÚTIL TER UM CADERNO OU DIÁRIO NO QUAL VOCÊ POSSA ESCREVER NOTAS SOBRE SUAS EXPERIÊNCIAS E IDEIAS.

OBSERVE

LEVE O SEU CADERNO DE CIÊNCIAS COM VOCÊ E ANOTE AS COISAS QUE VÊ. SE VOCÊ FIZER UMA CAMINHADA PELA NATUREZA, ANOTE OU DESENHE DIFERENTES PÁSSAROS, INSETOS OU ANIMAIS QUE VOCÊ OBSERVAR. FIQUE ATENTO AOS FÓSSEIS NAS ROCHAS OU PROCURE ESTRELAS CADENTES NO CÉU. QUANTO MAIS VOCÊ PERCEBER SOBRE O MUNDO AO SEU REDOR, MAIS VOCÊ SERÁ CAPAZ DE PENSAR EM NOVAS PERGUNTAS.

QUESTIONE

AS BOLHAS PRECISAM SER REDONDAS? ESSAS PODEM SER EM FORMA DE TRIÂNGULO? CONTINUE A PENSAR EM PERGUNTAS E ESCREVA-AS. SE VOCÊ DESCOBRIR A RESPOSTA MAIS TARDE, ADICIONE-A AO SEU CADERNO.

TENTE ADIVINHAR O QUE IRÁ ACONTECER (ANTES DE ACONTECER)

ISSO CHAMA FAZER UMA PREVISÃO. O QUE ACONTECERÁ SE USAR UM ELÁSTICO MAIS LONGO EM SEU CANHÃO DE ALGODÃO? O QUE ACONTECERÁ SE USAR SAL EM VEZ DE AÇÚCAR PARA FAZER UM ARCO-ÍRIS EM UM JARRO? ESCREVA O QUE PENSA QUE ACONTECERÁ ANTES DE FAZER A EXPERIÊNCIA.

FAÇA A EXPERIÊNCIA

FAÇA ANOTAÇÕES SOBRE COMO FAZER A EXPERIÊNCIA. TODOS OS TIPOS DE COISAS PODEM FAZER A DIFERENÇA NOS RESULTADOS. O DIA ESTÁ QUENTE OU FRIO? ÚMIDO OU SECO? VOCÊ MUDOU A EXPERIÊNCIA DE ALGUM JEITO? ENTÃO, ESCREVA O QUE ACONTECEU. SE VOCÊ FEZ ALGUMA MEDIÇÃO, ESCREVA. DESENHE OU TIRE FOTOS PARA COLAR EM SEU CADERNO.

ELABORE NOVAS PERGUNTAS

USE OS RESULTADOS PARA PENSAR EM OUTRAS PERGUNTAS. O QUE VOCÊ FARIA DE DIFERENTE DA PRÓXIMA VEZ? O QUE VOCÊ ACHA QUE MUDARIA? COMECE O PROCESSO DE NOVO! ESSE PROCESSO É CONHECIDO COMO MÉTODO CIENTÍFICO. AS PESSOAS SEGUEM ESSES PASSOS HÁ MAIS DE MIL ANOS, E ISSO AJUDOU OS CIENTISTAS A ELABORAREM AS RESPOSTAS PARA PERGUNTAS DE "O QUE ACONTECE SE EU BATER NESSA COISA COM UMA GRANDE ROCHA?" A "QUAL É A FORMA DO UNIVERSO?"

NOTAS PARA ADULTOS

A CIÊNCIA É UM GRANDE TÓPICO, ENTÃO NÃO SE PREOCUPE SE NÃO SOUBER TODAS AS RESPOSTAS! SE O SEU FILHO LHE PERGUNTAR ALGO SOBRE O QUAL NÃO TEM A CERTEZA, PENSEM JUNTOS EM COMO PODEM MUDAR A EXPERIÊNCIA PARA DESCOBRIR OU ONDE A PODEM PROCURAR. AO FAZER ESSAS EXPERIÊNCIAS COM O SEU FILHO, MANTENHA AS COISAS LEVES E DIVERTIDAS E DEIXE O SEU FILHO ASSUMIR A LIDERANÇA. AJUDE-O COM AS PARTES COMPLICADAS, FAÇA MUITAS PERGUNTAS E CERTIFIQUE-SE DE QUE ELE FIQUE SEGURO.

⚠ AVISO

ALGUMAS DAS EXPERIÊNCIAS NESTE LIVRO ENVOLVEM RISCOS POTENCIAIS, COMO CALOR OU IMPLEMENTOS AFIADOS.

A EDITORA RECOMENDA ENFATICAMENTE QUE OS PAIS E RESPONSÁVEIS SUPERVISIONEM SEUS FILHOS DURANTE TODAS AS ATIVIDADES, DANDO ATENÇÃO ESPECIAL AOS ESTÁGIOS MARCADOS COM UM SINAL DE ALERTA TRIANGULAR.

SEMPRE QUE INICIAR UM DESSES EXPERIMENTOS, LEIA AS INSTRUÇÕES E CONSIDERE QUAIS PRECAUÇÕES DE SEGU-RANÇA SÃO NECESSÁRIAS. É UMA BOA IDEIA ENVOLVER O SEU FILHO NESTA DISCUSSÃO: IDENTIFICAR RISCOS E TOMAR PRECAUÇÕES SENSATAS É UMA PARTE FUNDAMENTAL DA VIDA LABORATORIAL.

FALE SOBRE QUESTÕES COMO SERIA MELHOR USAR ROUPAS DE PROTEÇÃO, TAIS COMO: ÓCULOS OU LUVAS DE BORRACHA, E SE É MELHOR FAZER O EXPERIMENTO DENTRO OU FORA DE CASA EM UM LUGAR SEGURO. SEMPRE USE SEU JULGAMENTO E FIQUE SEGURO.

ENGENHARIA

ENGENHARIA

ENGENHARIA É O PROCESSO DE CRIAÇÃO E CONSTRUÇÃO DE COISAS. TUDO À SUA VOLTA FOI CUIDADOSAMENTE DESENHADO POR UM ENGENHEIRO, DESDE A TELEVISÃO QUE VÊ ATÉ AO EDIFÍCIO ONDE VIVE. OS ENGENHEIROS RESOLVEM PROBLEMAS INVENTANDO COISAS NOVAS.

COMECE CONSTRUINDO UM LABORATÓRIO DE JARDIM SUPERSECRETO PARA QUE VOCÊ TENHA UM LUGAR PARA REALIZAR SUAS EXPERIÊNCIAS DE ENGENHARIA. APRENDA SOBRE ESTRUTURAS DE TRAÇÃO CONSTRUINDO UMA VARINHA DE BOLHAS TRIANGULARES E IMPRESSIONE SEUS AMIGOS USANDO O PODER DA PRESSÃO DO AR PARA CRIAR UM CANHÃO DE AR NOVO, BRILHANTE E TOTALMENTE NÃO MORTAL.

LABORATÓRIO

SECRETO AO AR LIVRE DO CIENTISTA

TODO CIENTISTA AO AR LIVRE PRECISA DE UM COVIL / LABORATÓRIO PARA REALIZAR SUAS EXPERIÊNCIAS. NO ENTANTO, COMO VOCÊ PODE CONSTRUIR UM QUE MANTÉM A TEMPERATURA PERFEITA DENTRO? COM A CIÊNCIA, É ASSIM!

VOCÊ VAI PRECISAR DE
- 24 GRAVETOS DE 30 CM
- CORDA
- MUITOS PREGADORES DE ROUPA
- TESOURAS
- PANO PRETO
- ALMOFADA BRANCA
- PAPEL ALUMÍNIO
- PAPEL FILME
- 4 TIGELAS
- 4 CUBOS DE GELO
- CRONÔMETRO

ETAPA 1

PEGUE SEIS DOS SEUS GRAVETOS E COLOQUE-OS EM FORMA DE CONE, PARA QUE FIQUEM UNIFORMEMENTE ESPAÇADOS. QUANDO ESTIVEREM POSICIONADOS, ENFIE-OS SUAVEMENTE NO CHÃO.

ETAPA 2

USE A CORDA PARA AMARRAR FIRMEMENTE A PARTE DE CIMA DOS GRAVETOS.

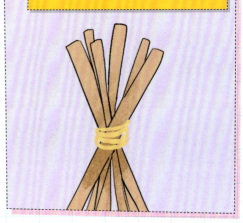

ETAPA 3

ENROLE A SUA FRONHA BRANCA EM VOLTA DA PARTE DE FORA DA ESTRUTURA. SEGURE OS PREGADORES DE ROUPA E PRENDA-OS NO GRAVETOS PARA SEGURAR A FRONHA NO LUGAR.

ETAPA 4

REPITA AS ETAPAS 1 A 3 PARA CRIAR MAIS TRÊS TENDAS. CUBRA UMA COM PANO PRETO, UMA COM PAPEL ALUMÍNIO E OUTRA COM PAPEL FILME.

ETAPA 5

COLOQUE UM CUBO DE GELO EM CADA TIGELA E COLOQUE-AS DENTRO DOS QUATRO MINI LABORATÓRIOS. PEGUE SEU CRONÔMETRO E VEJA QUANTO TEMPO LEVA PARA CADA CUBO DE GELO DERRETER.

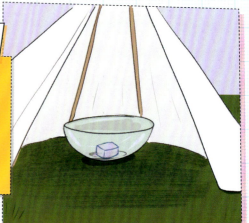

COMO FUNCIONA?

PAPEL FILME

O PAPEL FILME PERMITE QUE OS RAIOS DO SOL VIAJEM ATRAVÉS DO PLÁSTICO, MAS O CALOR NÃO PODE ESCAPAR. ESTE CUBO DE GELO DEVIA TER DERRETIDO MAIS RÁPIDO.

PANO PRETO

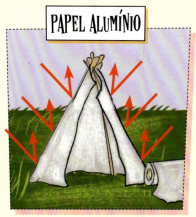

SUPERFÍCIES ESCURAS COMO SEU PANO PRETO ABSORVEM LUZ E CALOR. À MEDIDA QUE O LENÇOL FICA QUENTE, AQUECE O AR INTERIOR, ENTÃO ESTE CUBO DE GELO DEVE TER SIDO O SEGUNDO A DERRETER MAIS RÁPIDO.

ALMOFADA BRANCA

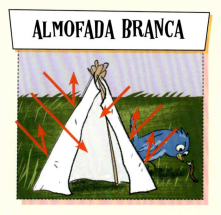

OS RAIOS DE LUZ TENDEM A RICOCHETEAR EM SUPERFÍCIES DE COR CLARA COMO ESTA, PARA QUE NÃO AQUEÇAM TANTO A FOLHA OU O AR NO INTERIOR. ESTE DEVERIA TER SIDO O TERCEIRO CUBO DE GELO A DERRETER. É POR ISSO QUE AS PESSOAS USAM ROUPAS DE COR CLARA NO VERÃO PARA AJUDAR A MANTER O FRESCOR.

PAPEL ALUMÍNIO

SUPERFÍCIES BRILHANTES REFLETEM LUZ E CALOR MUITO BEM. APENAS PEQUENAS QUANTIDADES ATRAVESSAM O PAPEL ALUMÍNIO, POR ISSO LEVA MUITO MAIS TEMPO PARA O ESPAÇO INTERNO AQUECER. ESTE CUBO DE GELO DEVIA TER DERRETIDO POR ÚLTIMO.

E AGORA?

CADA CIENTISTA PRECISA DE SEU PRÓPRIO LABORATÓRIO PARA REALIZAR EXPERIMENTOS E DOCUMENTAR SEUS RESULTADOS, ENTÃO É HORA DE CONSTRUIR UM EM TAMANHO REAL! USE UM GRANDE LENÇOL BRANCO, UMA CORDA, SEIS GRAVETOS DO JARDIM E UM ADULTO PARA FAZER TODO O TRABALHO DURO PARA VOCÊ. AFINAL, VOCÊ NÃO QUER SE CANSAR ANTES MESMO DE COMEÇAR.

PAREDE DE CACHOEIRA

Hora de um pouco de diversão em nome da ciência!
Recicle alguns recipientes de plástico nesta impressionante cachoeira. Só não nos culpe por poças de lama...

ETAPA 1

Corte ao longo de um lado da caixa, de modo que, quando essa se desdobra, se transforma em uma longa folha de papelão com abas em ambos os lados. Corte cuidadosamente as abas, deixando apenas o longo retângulo de papelão.

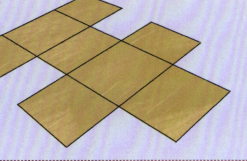

ETAPA 2

Usando a tesoura, corte um buraco retangular ao lado da alça da primeira garrafa. O buraco deve ser grande o suficiente para colocar a mão.

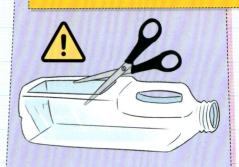

ETAPA 3

Cole o lado longo da garrafa plástica na parte superior da folha de papelão. Certifique-se de que o buraco que você cortou está voltado para cima e que o bico da garrafa está ligeiramente inclinado para baixo.

ETAPA 4

Repita as etapas 1 a 3 na garrafa seguinte, mas cole a garrafa no papelão por baixo da primeira, com o bico virado para o lado oposto. O buraco que você cortou na segunda garrafa deve estar embaixo do bico da primeira garrafa, para que a água possa fluir de uma para a outra.

ETAPA 5

REPITA AS ETAPAS ANTERIORES, ALTERNANDO A DIREÇÃO DA GARRAFA CADA VEZ. QUANDO VOCÊ ACHAR QUE TEM GARRAFAS SUFICIENTES, FIXE A PAREDE DE CACHOEIRA CONTRA UMA SUPERFÍCIE SÓLIDA, COMO UMA PAREDE EXTERNA OU CERCA.

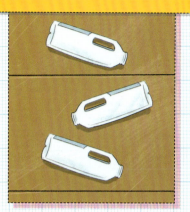

ETAPA 6

COLOQUE UM BALDE DIRETAMENTE SOB A GARRAFA INFERIOR E, EM SEGUIDA, TESTE A SUA CACHOEIRA DESPEJANDO UM POUCO DE ÁGUA NO BURACO DA GARRAFA SUPERIOR. A ÁGUA DEVE FLUIR ATRAVÉS DE TODAS AS GARRAFAS E PARA FORA DA ÚLTIMA PARA O BALDE.

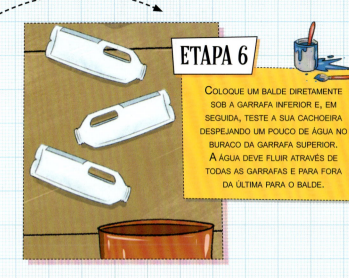

E AGORA?

TENTE COLOCAR AS GARRAFAS EM ÂNGULOS DIFERENTES OU USAR GARRAFAS DE FORMATOS DIFERENTES. ISSO FAZ COM QUE A ÁGUA ACELERE OU DESACELERE?

COMO FUNCIONA?

VOCÊ PODE NOTAR QUE A ÁGUA ACELERA, OU ACELERA, ENQUANTO PERCORRE AS GARRAFAS. A VELOCIDADE DA ÁGUA DEPENDE DAS FORÇAS — COISAS QUE EMPURRAM E PUXAM. A GRAVIDADE É A FORÇA QUE UNE AS COISAS. COISAS GRANDES E PESADAS, COMO A TERRA, TÊM UMA FORTE ATRAÇÃO GRAVITACIONAL DO QUE COISAS MENORES E MAIS LEVES, COMO VOCÊ. ESSA FORÇA MANTÉM SEUS PÉS NO CHÃO, E TAMBÉM FAZ COM QUE A ÁGUA FIQUE MAIS RÁPIDA À MEDIDA QUE FLUI PARA BAIXO.

MAGIA DA BOLHA TRIANGULAR

O QUE É MAIS IMPRESSIONANTE
DO QUE BOLHAS NORMAIS?
BOLHAS TRIANGULARES, É CLARO.

VOCÊ VAI PRECISAR DE

- 2 CANUDOS
- 3 LIMPADORES DE TUBO
- TIGELA GRANDE
- MISTURA PARA BOLHAS

DICA:
PARA DEIXAR A EXPERIÊNCIA MAIS FÁCIL DE ACOMPANHAR USAMOS SEIS PEDAÇOS DE DIFERENTES CORES DE CANUDOS, MAS O SEU PODE TER AS CORES QUE QUISER.

ETAPA 1

CORTE UM CANUDO EM TRÊS PEDAÇOS, TODOS DO MESMO COMPRIMENTO. FAÇA ISSO NOVAMENTE COM OUTRO CANUDO PARA FAZER SEIS PEDAÇOS.

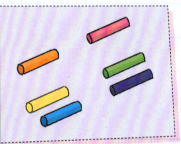

ETAPA 2

DESLIZE O LIMPADOR DE TUBOS DENTRO DE UM DOS SEUS PEDAÇOS DE CANUDO (ROSA). CURVE A EXTREMIDADE DE UM DOS LIMPADORES DE TUBOS PARA FAZER UM PEQUENO GANCHO NA EXTREMIDADE PARA IMPEDIR QUE O CANUDO DESLIZE PARA FORA DA OUTRA EXTREMIDADE DO LIMPADOR DE TUBOS.

ETAPA 3

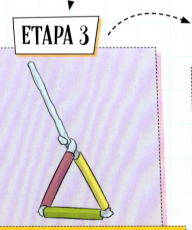

DESLIZE OUTRO PEDAÇO DE CANUDO SOBRE O LIMPADOR DE TUBOS E DOBRE-O LIGEIRAMENTE (VERDE). ENFIE UM TERCEIRO PEDAÇO DE CANUDO (AMARELO) E, EM SEGUIDA, DOBRE O LIMPADOR DE TUBOS AO REDOR PARA FAZER UM TRIÂNGULO. GIRE O PEQUENO GANCHO EM TORNO DO MEIO DO LIMPADOR DE TUBOS PARA MANTER O TRIÂNGULO UNIDO.

ETAPA 4

PEGUE UM SEGUNDO LIMPADOR DE TUBOS E GIRE SUA EXTREMIDADE EM TORNO DA EXTREMIDADE EXPOSTA DO PRIMEIRO LIMPADOR DE TUBOS. DESLIZE MAIS DOIS PEDAÇOS DE CANUDO (AZUL E ROXO) SOBRE O SEU NOVO LIMPADOR DE TUBOS ALONGADO.

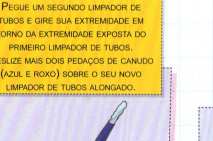

ETAPA 5

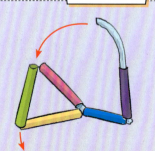

DESLIZE A EXTREMIDADE DO LIMPADOR DE TUBOS ATRAVÉS DO PEDAÇO VERDE DE CANUDO NO LADO OPOSTO DO TRIÂNGULO. PUXE-O PARA FAZER UM SEGUNDO TRIÂNGULO.

ETAPA 6

TORÇA MAIS UM LIMPADOR DE TUBOS NA EXTREMIDADE EXPOSTA PARA ALONGÁ-LO. DESLIZE O ÚLTIMO PEDAÇO DE CANUDO (LARANJA) SOBRE O LIMPADOR DE TUBOS E, EM SEGUIDA, DOBRE-O PARA CIMA PARA QUE ELE ENCONTRE O SEGUNDO TRIÂNGULO QUE VOCÊ FEZ NESSE PONTO. TUDO DEVE FICAR DOBRADO ORDENADAMENTE EM FORMA DE PIRÂMIDE.

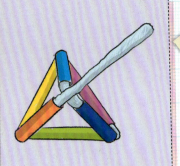

ETAPA 7

PASSE A EXTREMIDADE DO LIMPADOR DE TUBOS POR UM DOS CANUDOS MAIS PRÓXIMOS PARA PRENDER A PIRÂMIDE NO FORMATO. VOCÊ PODE QUERER ENROLAR O LIMPADOR DE TUBOS AO REDOR DO VÉRTICE DA PIRÂMIDE PARA DEIXAR TUDO MAIS FIRME.

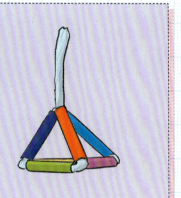

ETAPA 8

MERGULHE A VARINHA DE BOLHAS NA MISTURA DE BOLHAS. SE A ESPUMA SE FORMAR POR CIMA, RETIRE-A COM UMA COLHER. LEVANTE A VARINHA **LENTAMENTE** PARA FORA DA MISTURA. VOCÊ DEVE VER UMA PIRÂMIDE DE BOLHAS DENTRO DA MOLDURA DA VARINHA. SE NÃO FIZER, MERGULHE-O DE VOLTA NA MISTURA ATÉ QUE FUNCIONE.

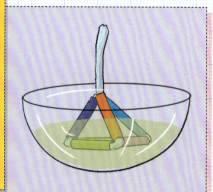

E AGORA?

A PIRÂMIDE DO LIMPADOR DE TUBOS FAZ UMA GRANDE VARINHA DE BOLHAS COM UMA LONGA TRILHA, ENTÃO AGITE A SUA VARINHA DE BOLHAS OU SEGURE-A E CORRA PARA OBTER UM FLUXO DE BOLHAS INCRÍVEIS. SE ISSO NÃO FOR SUFICIENTE, TENTE CONSTRUIR UM PRISMA CÚBICO OU PENTAGONAL. BASTA AUMENTAR O NÚMERO DE LADOS E FACES DE CADA VEZ.

COMO FUNCIONA?

NO MUNDO DA ENGENHARIA, ESTE TIPO DE COISA É CHAMADO DE ESTRUTURA DE TRAÇÃO. AS ESTRUTURAS DE TRAÇÃO SE FORMAM QUANDO O PANO OU ALGO SEMELHANTE É ESTICADO APERTADO E MANTIDO EM TENSÃO ENTRE DUAS OU MAIS ÂNCORAS (PONTOS) — PENSE NA SUSPENSÃO DE PONTES OU TENDAS. A BOLHA TRIANGULAR IMITA UMA ESTRUTURA DE TRAÇÃO VISTO QUE A MISTURA COM SABÃO PARA BOLHAS SURGE ESTICADA NA ESTRUTURA E A IMITA.

CANHÃO DE AR

VOCÊ PODE SEGURAR O IMENSO PODER DO AR EM SUAS MÃOS COM ESTE CANHÃO DE AR INCRÍVEL. TODOS FICARÃO COMPLETAMENTE IMPRESSIONADOS. SÓ QUE NÃO POR CAUSA DAQUELA PIADA HORRÍVEL…

VOCÊ VAI PRECISAR DE

- TESOURAS
- FITA FORTE
- ELÁSTICO GRANDE
- LÁPIS
- COLA BRANCA
- CAIXA DE PAPELÃO
- SACOLA PLÁSTICA GRANDE
- COPO DE PLÁSTICO
- RÉGUA

ETAPA 1

PEGUE A TESOURA E CORTE AS ABAS DA CAIXA DE PAPELÃO. NÃO JOGUE-AS FORA, POIS VOCÊ VAI PRECISAR DESSES EM BREVE.

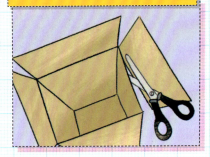

ETAPA 2

VIRE A CAIXA. COLOQUE O COPO DE PLÁSTICO DE CABEÇA PARA BAIXO NO CENTRO DA CAIXA. USE O LÁPIS PARA DESENHAR EM TORNO DESSE.

ETAPA 3

COM A SUA TESOURA, CORTE O CÍRCULO QUE VOCÊ ACABOU DE DESENHAR. ISSO PODE SER UM POUCO DIFÍCIL, POR ISSO PEÇA A UM ADULTO SE VOCÊ PRECISAR DE AJUDA.

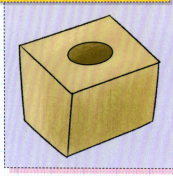

ETAPA 4

CORTE AO LONGO DAS LATERAIS DO SEU SACO PLÁSTICO PARA CRIAR UMA FOLHA LONGA E, EM SEGUIDA, ESTIQUE-A SOBRE A MESA. COLOQUE A SUA CAIXA DE PAPELÃO EM CIMA DO SACO (O BURACO QUE VOCÊ CORTOU NA ETAPA 2 DEVE ESTAR VOLTADO PARA CIMA). CORTE A FOLHA DE PLÁSTICO AO REDOR DA CAIXA, DEIXANDO A 10 CM SOBREPONDO EM TORNO DAS BORDAS.

ETAPA 5

NAS ABAS DE PAPELÃO QUE VOCÊ CORTOU NA ETAPA 1, DESENHE O COPO DE PLÁSTICO DE CABEÇA PARA BAIXO QUATRO VEZES E CORTE OS CÍRCULOS DE PAPELÃO.

ETAPA 6

CORTE O ELÁSTICO AO MEIO E COLOQUE-O EM UM DOS CÍRCULOS DE PAPELÃO. USE A FITA FORTE PARA COLAR O CENTRO DO ELÁSTICO AO PAPELÃO. FAÇA COM QUE FIQUE O MAIS FIRME POSSÍVEL, JÁ QUE VOCÊ VAI PUXAR ISSO.

ETAPA 7

COLOQUE O CÍRCULO DE PAPELÃO NO MEIO DA SUA FOLHA DE PLÁSTICO E COLE-O PARA BAIXO USANDO QUATRO PEDAÇOS DE FITA FORTE.

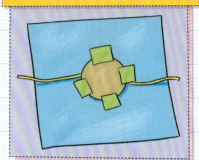

ETAPA 8

USE A COLA PARA COLAR OS OUTROS TRÊS CÍRCULOS DE PAPELÃO EM CIMA UM DO OUTRO PARA FAZER UMA PEQUENA PILHA.

ETAPA 9

VIRE A FOLHA DE PLÁSTICO PARA QUE O CÍRCULO DE PAPELÃO COM O ELÁSTICO ESTEJA VOLTADO PARA BAIXO. PEGUE A PEQUENA PILHA DE PAPELÃO E USE COLA PARA COLAR NA FOLHA DE PLÁSTICO, DIRETAMENTE SOBRE O CÍRCULO DE PAPELÃO DO OUTRO LADO.

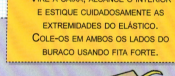

ETAPA 10

LEVANTE A CAIXA DE PAPELÃO COM O BURACO CIRCULAR VIRADO PARA BAIXO. COLOQUE A FOLHA DE PLÁSTICO SOBRE A PARTE SUPERIOR DA CAIXA. O CÍRCULO DE PAPELÃO E O ELÁSTICO DEVEM ESTAR DENTRO DA CAIXA E A FOLHA DEVE AFUNDAR NO MEIO UM POUCO SOB O PESO DOS CÍRCULOS DE PAPELÃO.

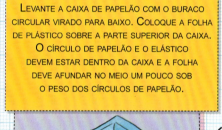

ETAPA 11

USE FITA FORTE PARA SELAR AS BORDAS DA FOLHA DE PLÁSTICO NA PARTE EXTERNA DA CAIXA DE PAPELÃO. NÃO PUXE A FOLHA DE PLÁSTICO COM FORÇA — ESSA DEVE AINDA ABAIXAR NO MEIO.

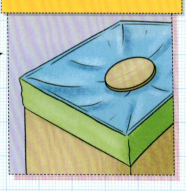

ETAPA 12

VIRE A CAIXA, ALCANCE O INTERIOR E ESTIQUE CUIDADOSAMENTE AS EXTREMIDADES DO ELÁSTICO. COLE-OS EM AMBOS OS LADOS DO BURACO USANDO FITA FORTE.

COMO FUNCIONA?

1   **2**

NA IMAGEM 1, A MEMBRANA (FOLHA DE PLÁSTICO) É PUXADA PARA TRÁS. ISSO ABRE MAIS ESPAÇO DENTRO DA CAIXA, PARA QUE O AR SEJA PUXADO PARA DENTRO DO BURACO NA FRENTE PARA PREENCHER O ESPAÇO. NA IMAGEM 2, A MEMBRANA VAI PARA FRENTE, ESMAGANDO O AR ATRAVÉS DO BURACO. TODO O AR TEM QUE SE MOVER ATRAVÉS DO MESMO PEQUENO BURACO, CRIANDO UMA RAJADA FORTE COM O PODER DE DERRUBAR PRÉDIOS INTEIROS! (BEM, PRÉDIOS DE PAPELÃO.)

ETAPA 13

APONTE A EXTREMIDADE DA CAIXA DE PAPELÃO COM O FURO NA DIREÇÃO DO SEU INIMIGO. PUXE CUIDADOSAMENTE PARA NA PILHA DE CÍRCULOS DE PAPELÃO E DEPOIS... SOLTE!

ENCHER UM BALÃO SEM SOPRAR

FAÇA UMA APOSTA COM OS SEUS AMIGOS DE QUE VOCÊ CONSEGUE ENCHER UM BALÃO SEM USAR OS PULMÕES E, EM SEGUIDA, DESFRUTE DOS OLHARES ATORDOADOS EM SEUS ROSTOS QUANDO VOCÊ GANHAR.

VOCÊ VAI PRECISAR DE

- GARRAFA PLÁSTICA PEQUENA
- BALÃO
- BICARBONATO DE SÓDIO
- 1/2 XÍCARA DE VINAGRE
- 2 FUNIS
- COLHER DE CHÁ

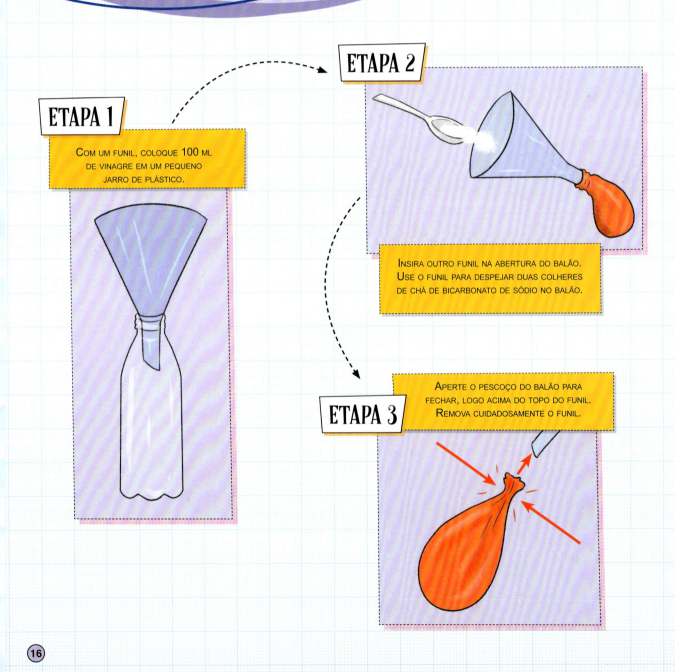

ETAPA 1

COM UM FUNIL, COLOQUE 100 ML DE VINAGRE EM UM PEQUENO JARRO DE PLÁSTICO.

ETAPA 2

INSIRA OUTRO FUNIL NA ABERTURA DO BALÃO. USE O FUNIL PARA DESPEJAR DUAS COLHERES DE CHÁ DE BICARBONATO DE SÓDIO NO BALÃO.

ETAPA 3

APERTE O PESCOÇO DO BALÃO PARA FECHAR, LOGO ACIMA DO TOPO DO FUNIL. REMOVA CUIDADOSAMENTE O FUNIL.

ETAPA 4

Estique a abertura do balão sobre a parte superior da garrafa. Tente não deixar bicarbonato de sódio cair na garrafa.

ETAPA 5

Segure a garrafa e levante a extremidade do balão para que o bicarbonato de sódio caia na garrafa e o balão começa a inflar. Como se por magia...

COMO FUNCIONA?

A reação química entre bicarbonato de sódio e vinagre cria gás dióxido de carbono. Os gases ocupam muito mais espaço do que os sólidos ou líquidos, então o dióxido de carbono enche rapidamente a garrafa. À medida que o gás dióxido de carbono enche a garrafa, esse não tem para onde ir, exceto para dentro do balão, que começa a inflar.

RODA DE ÁGUA

Aprenda sobre o incrível poder da água fazendo uma roda de água giratória. Gira e gira, e quando para, ninguém sabe... Bom, isso não é verdade. Essa para definitivamente quando você desliga a torneira.

VOCÊ VAI PRECISAR DE

- 2 pratos de papel
- 6 copos de plástico pequenos (100 ml)
- espeto de madeira
- fita transparente

ETAPA 1

Use cuidadosamente a ponta do espeto de madeira para abrir um buraco no centro de ambos os pratos.

ETAPA 2

Vire um prato de papel para que a parte inferior fique voltada para cima. Organize os seis copos de plástico em um círculo. O topo dos copos deve tocar a borda do anel interno do prato. Tente manter os copos uniformemente espaçados.

ETAPA 3

Quando tiver organizado os copos, cole cuidadosamente cada um desses no lugar usando uma tira fina de fita adesiva. Você pode querer pedir a alguém para segurar os copos enquanto você os cola.

ETAPA 4

Rosqueie o espeto através do buraco na primeira placa e deslize o segundo prato, de modo que os copos sejam ensanduichados no meio. Use pequenos pedaços de fita adesiva para colar os copos no segundo prato.

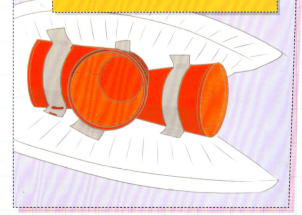

ETAPA 5

LEVE A RODA PARA A TORNEIRA DO JARDIM OU PEGUE UM JARRO DE ÁGUA. LIGUE (OU DESPEJE) A ÁGUA PARA QUE ESSA FUNCIONE SUAVEMENTE. SEGURE AS PONTAS DO ESPETO COM AS DUAS MÃOS. COLOQUE A RODA SOB O RIACHO E OBSERVE A RODA GIRAR

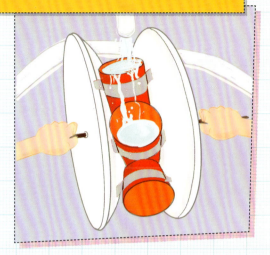

E AGORA?

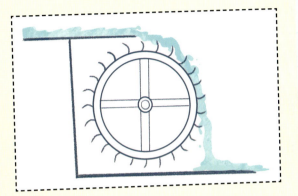

UMA RODA DE ÁGUA É UM SISTEMA HIDRELÉTRICO, QUE É UMA MÁQUINA UTILIZADA PARA EXTRAIR POTÊNCIA DO FLUXO DE ÁGUA. ESSAS TÊM SIDO USADAS POR MILHARES DE ANOS PARA CONDUZIR GUINDASTES, MOER FARINHA, MOER MADEIRA PARA A FABRICAÇÃO DE PAPEL E CRIAR ELETRICIDADE. VOCÊ CONSEGUE PENSAR EM MANEIRAS DE LIGAR A SUA RODA DE ÁGUA EM OUTRAS EXPERIÊNCIAS PARA CRIAR UMA MÁQUINA ALIMENTADA A ÁGUA?

WHEEEEE!

CANHÃO DE BOLA DE ALGODÃO

ESTÁ NA HORA DE ATUALIZAR A SUA CATAPULTA DE ELÁSTICO E CONSTRUIR UM CANHÃO! ENCONTRE UM ALVO (NÃO SEUS AMIGOS OU IRMÃOS MAIS NOVOS) E COMECE A ATIRAR!

VOCÊ VAI PRECISAR DE

- LÁPIS CURTO OU PALITO
- 2 ELÁSTICOS FINOS
- 2 TUBOS VAZIOS DE PAPEL TOALHA
- FITA FORTE
- TESOURAS
- BOLAS DE ALGODÃO
- PERFURADOR DE FURO ÚNICO
- RÉGUA

ETAPA 1

CORTE UMA FENDA AO LONGO DE UM LADO DO PRIMEIRO TUBO DE PAPEL DE COZINHA.

ETAPA 2

ROLE-O PARA QUE O TUBO FIQUE MENOR (CERCA DE METADE DO TAMANHO), DEPOIS USE FITA ADESIVA PARA MANTÊ-LO NO LUGAR.

ETAPA 3

USE A TESOURA OU O FURADOR PARA FAZER DOIS FUROS NA EXTREMIDADE DO TUBO, A 2 CM DA BORDA. FAÇA OS BURACOS OPOSTOS UM AO OUTRO, PARA QUE VOCÊ POSSA ENFIAR O SEU LÁPIS PELOS DOIS.

ETAPA 4

PEGUE O SEGUNDO TUBO DE PAPEL E CORTE DUAS FENDAS EM UMA EXTREMIDADE, CERCA DE 1 CM DE COMPRIMENTO E 2 CM DE DISTÂNCIA. CORTE MAIS DUAS FENDAS DIRETAMENTE EM FRENTE ÀS DUAS PRIMEIRAS.

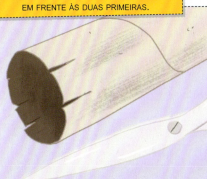

ETAPA 5

PASSE UM ELÁSTICO PELAS FENDAS DE UM LADO, DE MODO QUE FIQUE PENDURADO NA ABA DE PAPELÃO NO MEIO. CUBRA AS FENDAS COM UM PEDAÇO DE FITA ADESIVA PARA REFORÇAR A ABA. PASSE O OUTRO ELÁSTICO PELAS FENDAS DO LADO OPOSTO E COLOQUE UM POUCO DE FITA SOBRE A ABA.

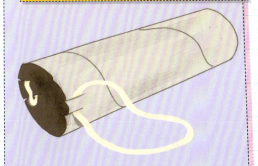

ETAPA 6

Passe o lápis pelos buracos do tubo menor. Segure o tubo externo de modo que as faixas de borracha estejam na parte superior e deslize o tubo mais estreito para dentro. O lápis deve estar na parte inferior.

ETAPA 7

Enrole cuidadosamente as extremidades dos elásticos ao redor do lápis.

ETAPA 8

Segure o lançador horizontalmente. Coloque uma bola de algodão dentro do final para que essa fique no tubo interno.

ETAPA 9

Puxe o lápis para trás para esticar os elásticos. Aponte cuidadosamente a bola de algodão para longe de pessoas, animais e do vaso antigo da sua tia Maria, solte o lápis e...

FOGO!

COMO FUNCIONA?

Ao retirar o lápis, a energia potencial é adicionada aos elásticos. Ao soltar o lápis, a energia potencial torna-se energia cinética (movimento), e a bola de algodão é atirada pelo ar! Pegue uma bola de algodão e jogue-a tão longe quanto conseguir. Em seguida, use o seu canhão para disparar outra bola. A menos que seja algum tipo de super-herói (ah, você é? Uau!), a bola de algodão que você disparou usando o seu canhão foi muito mais longe. Isso é porque os elásticos no canhão armazenam energia potencial e, em seguida, liberam tudo de uma vez, enquanto os músculos liberam muito mais devagar.

PILHAS DE TERRA

Hora de sujar as mãos e dominar o poder da eletricidade! Com um monte de terra, um pouco de limão e alguns parafusos de metal e arame, você pode fazer uma lâmpada brilhar com a luz. Eureka!

VOCÊ VAI PRECISAR DE

- BANDEJA DE CUBOS DE GELO
- PARAFUSOS DE AÇO GALVANIZADO (UM PARA CADA QUADRADO NA BANDEJA DE CUBOS DE GELO)
- FIO DE COBRE
- TERRA
- LUZES DE PINOS DE LED
- SUCO DE LIMÃO
- RÉGUA
- CORTADORES DE FIO
- UM ADULTO

ETAPA 1

Encha a sua bandeja de gelo com terra húmida. Se a terra estiver um pouco seca, adicione um pouco de água a cada cubo da bandeja para umedecê-la.

ETAPA 2

Esprema um pouco de suco de limão sobre cada secção de terra e deixe-a absorver. Isto irá ajudar a tornar o solo mais condutor.

ETAPA 3

Peça a um adulto para usar alguns cortadores de fio e corte quatro comprimentos de fio de cobre de 8 cm. Torça todos os quatro fios juntos para fazer um fio mais grosso.

ETAPA 4

Enrole uma extremidade do fio em torno da parte superior de um parafuso.

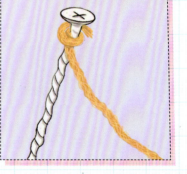

ETAPA 5

EMPURRE O PARAFUSO PARA UM DOS CUBOS CHEIOS DE SOLO. PRESSIONE A OUTRA EXTREMIDADE DA TIRA DE COBRE NO SOLO NO PRÓXIMO CUBO.

ETAPA 6

REPITA AS ETAPAS 3 A 5, TRABALHANDO AO REDOR DA BANDEJA, LIGANDO TODOS OS CUBOS, EXCETO OS DOIS ÚLTIMOS.

NAS EXTREMIDADES, DEIXE UM PARAFUSO SEM FIO ENROLADO EM TORNO DESSE E NO CUBO AO LADO DELE, FAÇA UM LAÇO EXTRA DE ARAME E PRESSIONE-O NO SOLO.

ETAPA 7

COLOQUE CADA PERNA DA LUZ DO PINO LED NOS DOIS ÚLTIMOS CUBOS, COMPLETANDO O CIRCUITO.

SE NÃO ACENDER, VIRE-O PARA QUE AS PERNAS FIQUEM NOS CUBOS OPOSTOS.

COMO FUNCIONA?

A ELECTRICIDADE FUNCIONA QUANDO MINÚSCULAS PARTÍCULAS CHAMADAS ELÉTRONS CIRCULAM. PARA ISSO, ACONTECE QUE VOCÊ PRECISA DE UM ANEL (OU "CIRCUITO") DE COISAS PELAS QUAIS OS ELÉTRONS PODEM SE MOVER FACILMENTE. VOCÊ TAMBÉM VAI PRECISAR DE ALGO EM UMA PARTE DO ANEL QUE ATRAI ELÉTRONS E ALGO EM OUTRA PARTE QUE OS EMPURRE PARA FORA.

O SOLO ÚMIDO CONTÉM PRODUTOS QUÍMICOS DISSOLVIDOS (EM UMA FORMA CHAMADA ÍONS) QUE PERMITEM QUE OS ELÉTRONS SE MOVAM. TER DOIS TIPOS DIFERENTES DE METAL PARA SEUS ELETRODOS — O PARAFUSO DE AÇO E O FIO DE COBRE — SIGNIFICA QUE OS ELÉTRONS SERÃO PUXADOS DE UM METAL PARA O OUTRO. JUNTE TODAS ESSAS COISAS E VOCÊ OBTÉM UMA CORRENTE ELÉTRICA. A ENERGIA REAL GERADA É MUITO PEQUENA, SENDO ESSE O MOTIVO PELO QUAL NÃO SE USA O SOLO PARA ACENDER AS LUZES DAS CASAS. ALÉM DISSO, PENSE NA SUJEIRA!

EM BUSCA DE ROCHAS ESPACIAIS

PEGUE UM ÍMÃ E VÁ À CAÇA DE ROCHAS ESPACIAIS REAIS EM SEU JARDIM. VOCÊ NUNCA SABE, VOCÊ PODE ENCONTRAR UM ET ESCONDIDO EM UM ARBUSTO DE ROSAS...

VOCÊ VAI PRECISAR DE

- ÍMÃ FORTE
- COPO DE PAPEL
- FURADOR
- TESOURAS
- CORDA
- FOLHA DE PAPEL BRANCA
- LUPA
- PINÇAS
- TIGELA
- ÁGUA
- DETERGENTE
- RÉGUA

ETAPA 1

USANDO O SEU FURADOR, FAÇA UM BURACO EM AMBOS OS LADOS DO COPO, CERCA DE 2 CM ABAIXO DA BORDA.

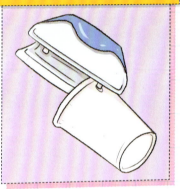

ETAPA 2

CORTE UM PEDAÇO LONGO DE CORDA E AMARRE CADA EXTREMIDADE ATRAVÉS DOS BURACOS NA PARTE SUPERIOR DO COPO PARA CRIAR UMA ALÇA LONGA. COLOQUE O ÍMÃ NO COPO.

ETAPA 3

ARRASTE SUAVEMENTE O COPO PELO CHÃO. VOCÊ PROVAVELMENTE TERÁ MAIS SORTE EM ÁREAS NAS QUAIS A CHUVA SE ACUMULA, COMO CALHAS OU SOB BICOS DE DRENAGEM.

ETAPA 4

SE VOCÊ TIVER SORTE, COMEÇARÁ A VER GRÃOS PRETOS PRESOS AO FUNDO DO COPO. QUANDO TIVER ALGUNS, COLOQUE O COPO NA TIGELA E RETIRE O ÍMÃ PARA SOLTAR OS GRÃOS. EM SEGUIDA, VÁ E PROCURE MAIS!

COMO FUNCIONA?

QUANDO METEOROIDES (PEQUENAS ROCHAS ESPACIAIS) ENTRAM NA ATMOSFERA DA TERRA, ESSES FICAM MUITO QUENTES E QUEBRAM EM PEQUENOS PEDAÇOS DE ROCHA METÁLICA. OS PEDAÇOS QUE SOBREVIVEM À VIAGEM CAEM NA TERRA ESPALHADOS POR UMA VASTA ÁREA. PORQUE ESSES SÃO TÃO PEQUENOS, AS PESSOAS ASSUMEM QUE SÃO APENAS GRÃOS DE TERRA, MAS AGORA VOCÊ SABE!

ETAPA 5

LAVE CUIDADOSAMENTE OS GRÃOS COM UM POUCO DE DETERGENTE E ÁGUA MORNA. TENHA CUIDADO PARA NÃO PERDER AS SUAS ROCHAS ESPACIAIS. TALVEZ PEÇA A UM ADULTO PARA AJUDAR COM ESTE PASSO. AÍ VOCÊ PODE CULPÁ-LO SE CORRER MAL.

ETAPA 6

LEVE A SUA TIGELA DE GRÃOS LIMPOS PARA FORA E VIRE A TIGELA EM UM PAPEL BRANCO.

ETAPA 7

USE A SUA LUPA PARA VERIFICAR SEUS GRÃOS. VOCÊ, PROVAVELMENTE, VAI ENCONTRAR PEQUENOS PEDAÇOS DE RESÍDUOS DE METAL, MAS VOCÊ TAMBÉM PODE VER BOLINHAS QUE PARECEM SER DE METAL DERRETIDO. SÃO MICROMETEORITOS!

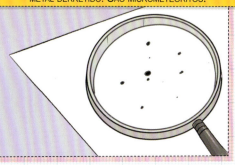

COLOQUE OS SEUS MICROMETEORITOS EM ALGUM LUGAR SEGURO. QUANTOS CONSEGUE COLETAR?

TELESCÓPIO ASTRONOMICAMENTE BOM

SE VOCÊ SERÁ A PRIMEIRA PESSOA A PISAR EM PLUTÃO,
OU ENCONTRAR FORMAS DE VIDA ALIENÍGENAS E
PLANETAS NÃO DESCOBERTOS ANTERIORMENTE, VOCÊ
PRECISARÁ DE UM TELESCÓPIO MUITO CHIQUE.

VOCÊ VAI PRECISAR DE

- 2 TUBOS DE PAPEL TOALHA
- 2 LENTES DE AUMENTO, DE LUPAS OU DE UM PAR DE ÓCULOS DE LEITURA
- TESOURAS
- FITA TRANSPARENTE

ETAPA 1

CORTE UM TUBO DE PAPEL TOALHA
LONGITUDINALMENTE. ROLE-O PARA QUE O TUBO
FIQUE MENOR (CERCA DE METADE DO TAMANHO),
E SEGURE-O NO LUGAR COM UMA MÃO.

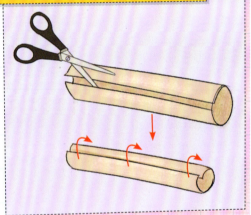

ETAPA 2

INSIRA O TUBO MENOR NO SEGUNDO TUBO. SOLTE E PERMITA
QUE O TUBO INTERNO SE EXPANDA DENTRO DO TUBO EXTERIOR.
O TUBO INTERNO DEVE DESLIZAR PARA DENTRO E PARA FORA.

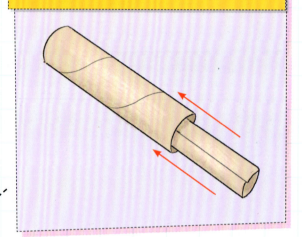

ETAPA 3

USANDO FITA ADESIVA,
FIXE UMA DAS LENTES
NA BORDA EXTERNA
DO TUBO INTERNO.
A CURVA DA LENTE
DEVE ESTAR VOLTADA
PARA O INTERIOR
DO TUBO.

ETAPA 4

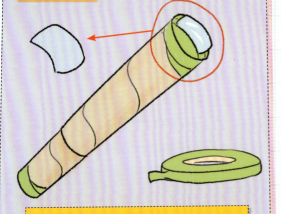

ETAPA 5

APONTE O SEU TELESCÓPIO PARA ANIMAIS DISTANTES OU COPAS DE ÁRVORES ALTAS. COLOQUE O OLHO CONTRA A LENTE DO TUBO INTERNO. CONCENTRE-SE DESLIZANDO O TUBO INTERNO PARA DENTRO E PARA FORA ATÉ QUE A IMAGEM FIQUE NÍTIDA.

NUNCA USE O SEU TELESCÓPIO PARA OLHAR PARA O SOL.

COMO FUNCIONA?

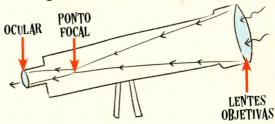

OCULAR — PONTO FOCAL — LENTES OBJETIVAS

UM TELESCÓPIO FEITO COM LENTES COMO A SUA É CHAMADO UM TELESCÓPIO DE REFRAÇÃO. A LENTE MAIS FORTE NA DISTÂNCIA FINAL É CHAMADA DE LENTE OBJETIVA E COLETA E DOBRA A LUZ PARA QUE ESSA ATINJA UM PONTO FOCAL DENTRO DO TELESCÓPIO. O PONTO FOCAL INVERTE A IMAGEM DE CABEÇA PARA BAIXO E PASSA PARA A SEGUNDA LENTE (CHAMADA DE OCULAR), QUE TIRA A LUZ DO PONTO FOCAL E O ESPALHA PELA PARTE DE TRÁS DO OLHO. ISSO FAZ COM QUE O OBJETO PAREÇA MUITO MAIS PRÓXIMO DO QUE REALMENTE ESTÁ.

NATUREZA

NATUREZA

A NATUREZA ESTÁ AO SEU REDOR. ÁRVORES, FLORESTAS, PÁSSAROS E ANIMAIS SÃO EXEMPLOS DA NATUREZA, ASSIM COMO TERRA, LAMA, MOFO E PLANTAS CARNÍVORAS. CIENTISTAS ESTUDAM A FORMA COMO TODAS ESSAS COISAS VIVAS CRESCEM E COMO FUNCIONAM.

ABRA UMA GALERIA DE ARTE EM QUE TODA A OBRA DE ARTE É CRIADA POR ESPOROS DE COGUMELOS, OBSERVE COMO UMA PLANTA GIRA EM DIREÇÃO À LUZ PARA CRESCER E DESCUBRA COMO A PRESSÃO DO AR AJUDA CIENTISTAS COMO VOCÊ A ESTUDAR INSETOS USANDO UM ASPIRADOR. (SIM, ISSO EXISTE DE VERDADE. PROMETO!)

IMPRESSÃO COM COGUMELOS

Há tantos cogumelos em seu jardim para uma galeria de arte estampada com esporos, que todos os seus amigos vão pensar que você é um fungo. Sacou? Oh, céus...

AVISO: Utilize apenas cogumelos comprados em uma loja. Nunca mexa com cogumelos selvagens; alguns são muito venenosos.

VOCÊ VAI PRECISAR DE

- Cogumelos grandes
- Faca afiada
- Um adulto
- Pedaços de cartão de cores diferentes
- Tigela de vidro
- Spray de cabelo

ETAPA 1

Peça a um adulto para cortar o caule do seu cogumelo, o mais próximo possível do chapéu.

ETAPA 2

Coloque o cogumelo virado para baixo no centro de um pedaço de cartão.

ETAPA 3

Coloque uma tigela por cima do cogumelo. Leve-o para dentro e deixe-o durante a noite.

ETAPA 4

Na manhã seguinte, retire a tigela e retire cuidadosamente o cogumelo do cartão. Você deve ser capaz de ver uma impressão de esporos no cartão. Se não conseguir, tente novamente com cartão mais claro ou mais escuro.

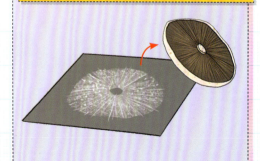

Não toque na impressão do esporo ou essa vai borrar. Pegue uma lata de spray de cabelo e vá para fora. Pulverize o cartão com o spray de cabelo para fixar os esporos no lugar. Pode ser necessário usar algumas camadas de spray. Em seguida, afaste-se e deixe que todos admirem suas habilidades artísticas superimpressionantes.

COMO FUNCIONA?

Bebês de cogumelos crescem a partir de partículas minúsculas chamadas esporos, que flutuam como poeira na brisa. As ranhuras finas sob o chapéu do cogumelo são chamadas himênios, e nesses são fabricados os esporos. As cores dos esporos variam de branco a rosa, verde, amarelo, laranja e preto. As impressões de esporos ajudam os cientistas a identificarem o tipo de cogumelo que estão estudando.

CAÇANDO INSETOS

HORA DE CAÇAR PELA CIÊNCIA! UM ASPIRADOR, TAMBÉM CHAMADO ASPIRADOR DE INSETOS, É UMA DAS FERRAMENTAS FAVORITAS DOS ENTOMOLOGISTAS (CIENTISTAS DE INSETOS), E AGORA VOCÊ PODE FAZER O SEU. SIGA AS INSTRUÇÕES CUIDADOSAMENTE, JÁ QUE VOCÊ NÃO QUER ACABAR COM A BOCA CHEIA DE INSETOS.

VOCÊ VAI PRECISAR DE

- FRASCO PEQUENO E LIMPO COM TAMPA
- PEDAÇO QUADRADO DE GAZE DE 8 POLEGADAS
- UM ADULTO COM ALGUMAS FERRAMENTAS
- TESOURAS
- 2 CANUDOS DOBRÁVEIS
- 2 BOLAS DE MASSINHA DE MODELAR
- ELÁSTICO DE BORRACHA
- RÉGUA

ETAPA 1

DESAPARAFUSE A TAMPA DO JARRO E PEÇA A UM ADULTO PARA FAZER DOIS FUROS USANDO UM PREGO OU UMA BROCA.

ETAPA 2

PEGUE UM CANUDO DOBRÁVEL E CORTE 3 CM DA EXTREMIDADE MAIS LONGA. AGORA VOCÊ DEVE TER UM CANUDO CURTO E UM LONGO.

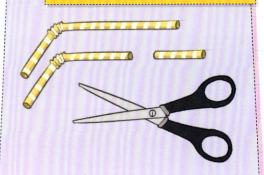

ETAPA 3

INSIRA AS EXTREMIDADES SUPERIORES (A EXTREMIDADE ACIMA DA CURVA) ATRAVÉS DOS BURACOS NA TAMPA. SEGURE OS CANUDOS NO LUGAR USANDO BOLAS DE MASSINHA DE MODELAR, PREENCHENDO TODAS AS LACUNAS AO REDOR DAS BORDAS. A VEDAÇÃO TEM QUE SER HERMÉTICA, OU O SEU ASPIRADOR NÃO IRÁ FUNCIONAR.

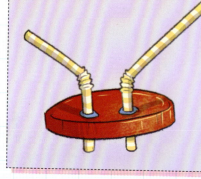

ETAPA 4

PEGUE A GAZE E ENROLE-A NO FINAL DO CANUDO MAIS CURTO. ENROLE O ELÁSTICO FIRMEMENTE EM TORNO DESSE PARA COLOCÁ-LO NO LUGAR. ISTO VAI IMPEDIR QUE OS INSETOS ENTREM EM SUA BOCA. PORQUE ISSO SERIA NOJENTO.

ETAPA 5

APERTE CUIDADOSAMENTE A TAMPA DO JARRO.

ETAPA 6

VÁ LÁ FORA E ENCONTRE UM INSETO RASTEJANDO EM ALGUMAS FOLHAS. APONTE O CANUDO LONGO PARA O INSETO E CHUPE RAPIDAMENTE NO CANUDO MAIS CURTO. O INSETO SERÁ SUGADO PARA O SEU JARRO PARA OBSERVAÇÃO. DEPOIS DE DAR UMA BOA OLHADA E FAZER ALGUMAS ANOTAÇÕES, LIBERE CUIDADOSAMENTE O INSETO NO MESMO LUGAR ONDE O ENCONTROU.

COMO FUNCIONA?

É TUDO SOBRE PRESSÃO DO AR. QUANDO VOCÊ CHUPA PELO CANUDO MAIS CURTO, A PRESSÃO DO AR DENTRO DO JARRO DIMINUI. O AR DO LADO DE FORA DO JARRO SOBE PELO CANUDO COMPRIDO, PARA ENCHER A ÁREA DE BAIXA PRESSÃO DENTRO DO JARRO. O INSETO É PUXADO PARA DENTRO.

O QUE UMA PLANTA SENTE?

As plantas não têm olhos, mas sabem sempre onde está o Sol. As plantas podem sentir a luz e responder a essa, procurando-a e curvando-se em direção à luz.

ETAPA 1

Usando a tesoura, corte um buraco circular em uma extremidade da caixa de sapatos, cerca de 8 cm de largura.

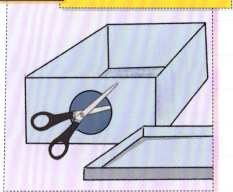

ETAPA 2

Da sua folha de cartão, corte dois retângulos idênticos tão profundos quanto a sua caixa de sapatos e dois terços tão largos.

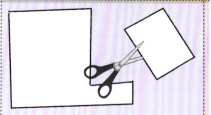

ETAPA 3

Cole esses retângulos no interior da caixa de sapatos, conforme mostrado na imagem. Seu vaso de flores deve caber por baixo da prateleira de baixo.

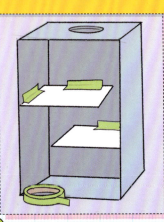

ETAPA 4

Pinte o interior da caixa de sapatos e a tampa com a tinta preta.

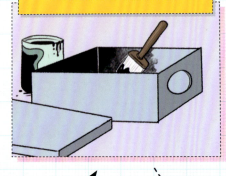

ETAPA 5

Enquanto a tinta está secando, coloque um pouco de adubo no vaso de flores e plante a semente de feijão nesse. Despeje 100 ml de água sobre o solo. Vai precisar de água para regar uma vez por semana.

COMO FUNCIONA?

OXIGÊNIO

DIÓXIDO DE CARBONO

QUANDO AS PLANTAS COMEÇAM PELA PRIMEIRA VEZ A CRESCER, ELAS PROCURAM A ROTA MAIS CURTA PARA CIMA ATÉ A LUZ SOLAR E VÃO SE DOBRAR AO REDOR DE OBSTÁCULOS PARA ALCANÇÁ-LA. ELAS FAZEM ISSO ESTICANDO AS CÉLULAS EM SEU CAULE NA LATERAL QUE ESTÁ MAIS LONGE DA LUZ. ESTA ETAPA É CHAMADA FOTOTROPISMO.

AS PLANTAS PRECISAM DE LUZ SOLAR PARA FAZER COMIDA. AS FOLHAS CONTÊM CLOROFILA, QUE TRANSFORMA A LUZ SOLAR EM ENERGIA. A ENERGIA É USADA PARA CONVERTER A ÁGUA DO SOLO E DIÓXIDO DE CARBONO DO AR EM OXIGÊNIO E AÇÚCAR. A PLANTA LIBERA O OXIGÊNIO NO AR E USA O AÇÚCAR COMO ALIMENTO. ESTE ESTÁGIO É CHAMADO DE FOTOSSÍNTESE.

ETAPA 6

QUANDO A CAIXA DE SAPATOS ESTIVER SECA, LEVANTE-A (COM O BURACO NO TOPO) E COLOQUE O VASO DA PLANTA NA PARTE INFERIOR.

ETAPA 7

MEÇA DA BORDA DO VASO DE FLORES ATÉ O TOPO DA CAIXA DE SAPATOS. CORTE UMA TIRA DE PAPELÃO DO MESMO COMPRIMENTO. PEGUE SUA RÉGUA E CANETA MARCADORA E DESENHE UMA ESCALA NA TIRA DE CARTÃO. COLE ISTO EM UM DOS LADOS DA CAIXA. PONHA A TAMPA DE VOLTA NA CAIXA DE SAPATOS.

ETAPA 8

COLOQUE A CAIXA DE SAPATOS EM ALGUM LUGAR COM MUITO SOL, MAS QUE NÃO MOLHE SE CHOVER. TODOS OS DIAS, VOLTE COM O SEU CADERNO E VEJA O QUE ESTÁ ACONTECENDO. A PLANTA ESTÁ CRESCENDO ATRAVÉS DO CARTÃO? QUANTO A PLANTA CRESCE POR DIA?

NÃO TOQUE!

UM BANQUETE PARA AS MARIPOSAS

ESTE TRUQUE PARA ATRAIR MARIPOSAS ENVOLVE A PREPARAÇÃO DE UMA MISTURA PEGAJOSA E A COLOCAR PELO SEU JARDIM. NADA DE LAMBER A TIGELA.

VOCÊ VAI PRECISAR DE

- 50 G DE XAROPE PRETO
- 100 G DE AÇÚCAR
- 50 ML DE REFRIGERANTE
- PANELA
- PINCEL
- UM ADULTO
- PEQUENO PEDAÇO DE CELOFANE VERMELHO
- ELÁSTICO DE BORRACHA
- LANTERNA

DICA:
NOITES QUENTES E ÚMIDAS SÃO O MELHOR MOMENTO PARA ESTA EXPERIÊNCIA

ETAPA 1

PEÇA A UM ADULTO PARA AQUECER O REFRIGERANTE EM UMA PANELA GRANDE E DEIXE AQUECER DURANTE 3 MINUTOS. NÃO DEIXE FERVER.

ETAPA 2

MEXA O AÇÚCAR E O MELADO E DEIXE A MISTURA AQUECER POR MAIS 2 MINUTOS.

ETAPA 4

ENQUANTO A MISTURA ESTÁ ESQUENTANDO, PEGUE A LANTERNA, O ELÁSTICO E O CELOFANE VERMELHO. COLOQUE O CELOFANE SOBRE A EXTREMIDADE DA LANTERNA E USE O ELÁSTICO PARA MANTÊ-LO NO LUGAR.

ETAPA 3

PEÇA PARA UM ADULTO AJUDÁ-LO A DESPEJAR CUIDADOSAMENTE A MISTURA EM UMA BANDEJA GRANDE, EM SEGUIDA, DEIXE ESFRIAR.

ETAPA 5

ANTES QUE FIQUE MUITO ESCURO, LEVE A MISTURA E UM PINCEL PARA FORA. ENCONTRE ALGUMAS ÁRVORES OU UMA CERCA (PEÇA PERMISSÃO!) E PINTE ALGUMAS MANCHAS DA MISTURA, EM TORNO DA ALTURA DO QUADRIL.

ETAPA 6

PEGUE A LANTERNA E SENTE-SE SILENCIOSAMENTE NO JARDIM OU ESCONDA-SE NO SEU LABORATÓRIO SECRETO AO AR LIVRE ATÉ O ANOITECER.

ETAPA 7

AS MARIPOSAS SERÃO ATRAÍDAS PELO DOCE CHEIRO E SABOR DA MISTURA E DEVEM POUSAR NESSA. AS MARIPOSAS NÃO CONSEGUEM VER A LUZ VERMELHA, ENTÃO USAR SUA LANTERNA COM A CAPA DE CELOFANE VERMELHO NÃO DEVE PERTURBÁ-LAS ENQUANTO SE ALIMENTAM.

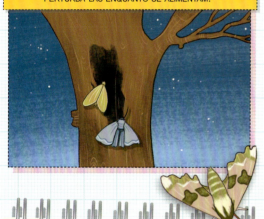

COMO FUNCIONA?

AS MARIPOSAS GOSTAM DE GULOSEIMAS AÇUCARADAS TANTO QUANTO OS HUMANOS. AO CONTRÁRIO DE NÓS, NO ENTANTO, AS MARIPOSAS USAM SUAS ANTENAS E PELOS ESPECIAIS NO CORPO PARA CHEIRAR O DOCE AROMA DE NÉCTAR, SEIVA DE ÁRVORE, OU O SEU BANQUETE MÁGICO PARA MARIPOSAS. ALGUMAS MARIPOSAS ADULTAS VÃO SABOREAR NÉCTAR DE FLORES, MAS OUTRAS BEBERÃO LÍQUIDOS DE FRUTAS PODRES, EXCREMENTOS DE PÁSSAROS OU DE ANIMAIS. ECA.

HOTEL PARA ABELHAS

Buzzzzzzzzzzzzz

Às vezes, a ciência é mais sobre observar e registrar do que de fazer. Depois de chegar ao seu hotel para abelhas, observe e espere que as abelhas solitárias o descubram. Seja paciente.

VOCÊ VAI PRECISAR DE

- GARRAFA DE PLÁSTICO VAZIA
- ROLO DE PAPEL PARDO
- RÉGUA
- LÁPIS
- CORDA
- TESOURAS
- COLA BRANCA
- UM ADULTO

ETAPA 1

Remova cuidadosamente a etiqueta do seu jarro de plástico e limpe qualquer resíduo pegajoso deixado para trás.

ETAPA 2

Corte a parte de cima da garrafa. Você deve pedir a um adulto para ajudá-lo com esta etapa. É bom que eles façam um pouco do trabalho, afinal.

ETAPA 3

Meça o comprimento da garrafa. Corte 30 retângulos, cada um com 6 cm de largura e o mesmo comprimento da sua garrafa, do seu rolo de papel pardo.

ETAPA 4

Role cada pedaço de papel em torno de um lápis para criar um "canudo" e, em seguida, deslize o lápis para fora.

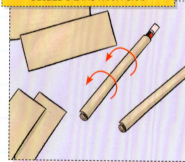

ETAPA 5

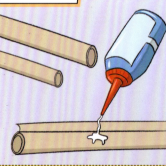

Coloque uma pequena gota de cola no meio de cada canudo para impedi-lo de desenrolar. Os canudos não precisam ser todos do mesmo tamanho. Misture tudo!

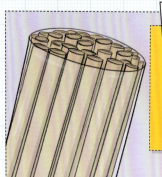

ETAPA 6

INSIRA CADA UM DOS SEUS "CANUDOS" DE PAPEL NO JARRO ATÉ QUE O ESPAÇO ESTEJA COMPLETAMENTE PREENCHIDO.

ETAPA 7

ENROLE UMA CORDA AO REDOR DA GARRAFA E AMARRE ALGUNS LAÇOS NA PARTE SUPERIOR PARA PENDURAR. PENDURE EM LOCAL ENSOLARADO E AGUARDE O ZUMBIDO QUE VEM COM A CHEGADA DOS SEUS PRIMEIROS HÓSPEDES.

COMO É O ZUMBIDO?

VOCÊ NÃO VAI CONSEGUIR NENHUM MEL DESTE HOTEL. EXISTEM AS ABELHAS QUE FAZEM MEL E VIVEM EM COLMEIAS EM COLÔNIAS MACIÇAS, E EXISTEM ABELHAS QUE NÃO FAZEM MEL. SEU HOTEL SE TORNARÁ O LAR DA INCRÍVEL ABELHA SOLITÁRIA, QUE VIVE SOZINHA, EM VEZ DE FAZER PARTE DE UMA COLÔNIA MAIOR. NO ENTANTO, COMO VOCÊ SABE A DIFERENÇA ENTRE ESSAS? USANDO ESTE GUIA MUITO PRÁTICO.

ABELHAS MELÍFERAS	ABELHAS SOLITÁRIAS	MAMANGABAS

LISTRADA PRETO E AMARELO	LARANJA COM LISTRAS PRETAS FELPUDAS	LISTRADA PRETO, BRANCO E LARANJA DOURADO
FINA, COM POUCOS PELOS	FINA E FELPUDA	GRANDE, REDONDA E CONFUSA
COLETA PÓLEN EM CESTOS ESPECIAIS NAS PERNAS TRASEIRAS	COLETA PÓLEN NO ABDÔMEN	COLETA PÓLEN EM CESTOS ESPECIAIS NAS PERNAS TRASEIRAS

FLORES QUE MUDAM DE COR

VEJA COMO AS FLORES MUDAM DE COR DIANTE DOS SEUS OLHOS! BEM, MAIS OU MENOS. ESTA É MAIS UMA EXPERIÊNCIA DE OBSERVAR E ESPERAR, MAS DEFINITIVAMENTE VALE A PENA.

VOCÊ VAI PRECISAR DE

- 5 FLORES BRANCAS (CRAVOS OU MARGARIDAS FUNCIONAM MELHOR)
- 5 TIPOS DE CORANTE ALIMENTAR
- ÁGUA
- 5 POTES DE VIDRO
- TESOURAS

ETAPA 1

ENCHA CADA UM DOS CINCO JARROS DE VIDRO ATÉ A METADE COM ÁGUA.

ETAPA 2

ADICIONE CORANTE ALIMENTAR A CADA JARRO. QUANTO MAIS VOCÊ ADICIONAR, MAIS FORTE SERÁ A COR RESULTANTE.

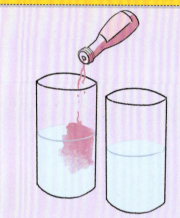

ETAPA 3

Use sua tesoura para cortar as flores de modo que essas sejam ligeiramente mais altas do que os jarros. Corte o fundo de cada haste em ângulo.

ETAPA 4

Coloque uma flor em cada jarro de água colorida. Deixe em um lugar seguro por algumas horas, e espere para ver o que acontece...

E AGORA?

Os cientistas projetam um experimento para que possam assistir e ver se as mudanças em uma coisa farão com que outra coisa mude de maneira repetível. Essas mudanças são chamadas de variáveis. Repita esta experiência, alterando as seguintes variáveis. Ainda obtém os mesmos resultados?

- Use outra coisa para colorir o líquido. Experimente suco de fruta ou uma mistura de bebidas em pó.
- Troque a água por refrigerante. Tente colocar uma flor em refrigerante transparente e outra em refrigerante escuro.
- Divida o caule da flor e coloque metade em água normal, e a outra metade em água salgada.

COMO FUNCIONA?

Flores absorvem água através do xilema, tubos finos que correm ao longo do interior do caule. Quando o Sol brilha nas folhas e pétalas, a água evapora da sua superfície e água doce é sugada ao longo do xilema para dentro da planta. Este processo é chamado transpiração. Se houver corante na água, que é atraída para as pétalas também.

VASOS DE OVOS

Se alguma vez houve uma experiência que combina um delicioso lanche com a maravilha da natureza é essa. Prático.
Aliás, você sabe o que um ovo assustado disse para o outro? Estou chocado!

VOCÊ VAI PRECISAR DE

- 6 OVOS COZIDOS
- ÁGUA
- PANELA
- UM ADULTO
- CAIXA DE OVOS
- AGULHA DE COSTURA
- SEMENTES
- TERRA

ETAPA 1

Quando os ovos cozidos tiverem esfriado, abra cuidadosamente as partes superiores e retire a parte de dentro.
(Fica ótimo para fazer sanduíches!)

ETAPA 2

Peça a um adulto calmo para ajudar a ferver as cascas vazias mais uma vez para remover vestígios de ovos. Não jogue a água fora.

ETAPA 3

Seque as cascas e perfure cuidadosamente o fundo de cada uma com uma agulha.

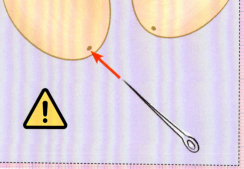

ETAPA 4

Coloque as cascas dos ovos na caixa de ovos e encha parcialmente cada casca com terra.

ETAPA 5

PLANTE ALGUMAS DAS SEMENTES ESCOLHIDAS EM CADA CASCA E CUBRA AS SEMENTES COM UM POUCO MAIS DE TERRA.

ETAPA 6

USE A ÁGUA DA ETAPA 2 PARA REGAR SUAS MUDAS, MAS CERTIFIQUE-SE DE QUE A ÁGUA JÁ TENHA ESFRIADO!

ETAPA 7

DEPOIS QUE AS MUDAS BROTAREM, PLANTE TODA A CASCA EM UM VASO MAIOR OU EM SEU JARDIM E OBSERVE AS SUAS MUDAS FLORESCEM.

COMO FUNCIONA?

AS CASCAS DE OVOS COMEÇARÃO A SE DECOMPOR NATURALMENTE, UMA VEZ QUE ESSES SÃO COLOCADOS EM UM CANTEIRO DE FLORES OU UM VASO GRANDE.

AS CASCAS DE OVOS SÃO QUASE INTEIRAMENTE FEITAS DE CARBONATO DE CÁLCIO (COMO GIZ!).

O CÁLCIO É UM NUTRIENTE ESSENCIAL PARA AS PLANTAS, ASSIM COMO É PARA OS HUMANOS. À MEDIDA QUE SE DECOMPÕEM, AS CASCAS DE OVOS ENRIQUECEM A TERRA COM CÁLCIO, QUE AS RAÍZES DA PLANTA ABSORVE E COLOCA EM USO À MEDIDA QUE CRESCE.

TUDO, DE FLORES A VEGETAIS, PODE COMEÇAR EM UMA CASCA DE OVO. APESAR DE QUE PESSOAS NÃO.

METEOROLOGIA

METEOROLOGIA

METEOROLOGIA É O ESTUDO DAS MUDANÇAS NO CLIMA.
OS CIENTISTAS QUE ESTUDAM METEOROLOGIA SÃO CHAMADOS
METEOROLOGISTAS. ELES USAM DIFERENTES FERRAMENTAS
E EQUIPAMENTOS PARA PREVER SE SERÁ QUENTE OU FRIO
AMANHÃ, OU QUANTO VAI CHOVER NA PRÓXIMA SEMANA.

USE UM LÁPIS E UMA BANDEJA DE ALUMÍNIO PARA FAZER
RAIOS REAIS EM SEU PRÓPRIO JARDIM. DESCUBRA COMO
CRIAR UM FEROZ TORNADO COM GARRAFAS DE PLÁSTICO
E ÁGUA, E SE MOSTRE PARA OS SEUS AMIGOS, DIZENDO
QUE HORAS SÃO USANDO APENAS O PODER DO SOL.
E SE ELES NÃO FICAREM IMPRESSIONADOS?
BEM, HÁ SEMPRE O CANHÃO DE ALGODÃO
QUE VOCÊ CRIOU ANTES...

EU VEJO UM ARCO-ÍRIS... MAIS OU MENOS

É HORA DE SE MOLHAR (E POSSIVELMENTE FAZER UMA BAGUNÇA) EM BUSCA DE UM ARCO-ÍRIS. VALE LEMBRAR QUE O POTE DE OURO NÃO É GARANTIDO. MAS SE ENCONTRAR UM, SINTA-SE À VONTADE PARA COMPARTILHAR!

VOCÊ VAI PRECISAR DE:

- ÁGUA QUENTE
- CORANTE ALIMENTAR
- AÇÚCAR
- VASO OU COPO ALTO
- 4 TIGELAS
- COLHER DE SOPA
- PIPETA OU SERINGA
- UM ADULTO

ETAPA 1

COLOQUE AS QUATRO TIGELAS E ADICIONE O SEGUINTE A CADA UMA:
TIGELA 1: SEM AÇÚCAR E CORANTE ALIMENTAR VERMELHO
TIGELA 2: 2 COLHERES DE SOPA DE AÇÚCAR E CORANTE ALIMENTAR AMARELO
TIGELA 3: 4 COLHERES DE SOPA DE AÇÚCAR E CORANTE ALIMENTAR VERDE
TIGELA 4: 6 COLHERES DE SOPA DE AÇÚCAR E CORANTE ALIMENTAR AZUL

ETAPA 2

PEÇA A UM ADULTO PARA ADICIONAR 250 ML DE ÁGUA QUENTE EM CADA TIGELA E MEXA ATÉ QUE TODO O AÇÚCAR SE DISSOLVA.

ETAPA 3

AGUARDE A ÁGUA ESFRIAR E, EM SEGUIDA, DESPEJE CUIDADOSAMENTE A ÁGUA AZUL EM UM VASO OU COPO ALTO.

ETAPA 4

USANDO A SERINGA OU PIPETA, ADICIONE LENTAMENTE A ÁGUA VERDE. PODE SER MAIS FÁCIL DERRAMAR A ÁGUA NO INTERIOR DO COPO.

ETAPA 5

UMA VEZ QUE TODA A ÁGUA VERDE TENHA SIDO ADICIONADA, USE A PIPETA PARA ADICIONAR LENTAMENTE A ÁGUA AMARELA AO RECIPIENTE.

COMO É QUE FUNCIONA?

A DENSIDADE É A MEDIDA DE QUANTA "COISA" É ENFIADA EM UM ESPAÇO MEDIDO. AO AUMENTAR A QUANTIDADE DE AÇÚCAR NA SOLUÇÃO, MAS MANTENDO A QUANTIDADE DE ÁGUA A MESMA, VOCÊ AUMENTA A DENSIDADE DA SOLUÇÃO. A XÍCARA CONTENDO SEIS COLHERES DE SOPA DE AÇÚCAR TERÁ A MAIOR DENSIDADE E A XÍCARA SEM AÇÚCAR TERÁ A MENOR. LÍQUIDOS COM BAIXA DENSIDADE FLUTUAM EM CIMA DE LÍQUIDOS QUE SÃO MAIS DENSOS, ENTÃO O LÍQUIDO COM MENOS AÇÚCAR FICA 'PARADO' EM CIMA DE UM COM MAIS AÇÚCAR.

ETAPA 6

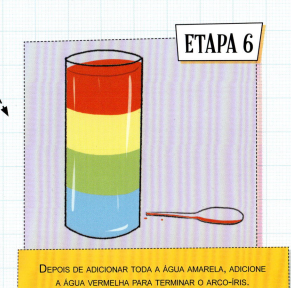

DEPOIS DE ADICIONAR TODA A ÁGUA AMARELA, ADICIONE A ÁGUA VERMELHA PARA TERMINAR O ARCO-ÍRIS.

E AGORA?

VOCÊ PODE FAZER UM ARCO-ÍRIS COMPLETO USANDO TODAS AS SETE CORES? TENTE MISTURAR CORES PARA FAZER LARANJA (VERMELHO E AMARELO), ROXO (AZUL E VERMELHO) E ÍNDIGO (AZUL E ROXO). COMEÇANDO PELO ROXO, ADICIONE MENOS AÇÚCAR A CADA COR À MEDIDA QUE SOBE NO ARCO-ÍRIS.

ESTA EXPERIÊNCIA FUNCIONARÁ COM OUTRAS COISAS ALÉM DO AÇÚCAR?
- TENTE FAZER UM ARCO-ÍRIS USANDO SAL. FUNCIONA?
- E SE USAR BICARBONATO DE SÓDIO OU FARINHA?
- AINDA FUNCIONA SE TROCAR A ÁGUA POR ÓLEO?

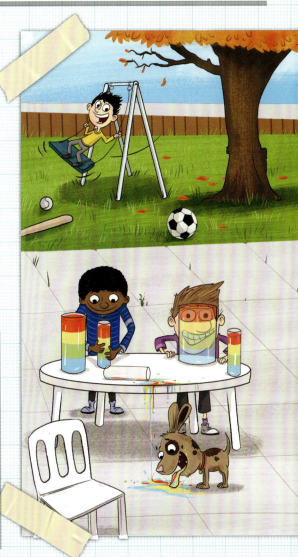

TOCANDO UM RAIO

NINGUÉM PODE CONTROLAR UM RAIO. É UMA FORÇA DA NATUREZA. NO ENTANTO, UM RAIO É BASICAMENTE UMA EXIBIÇÃO DRAMÁTICA DE ELETRICIDADE ESTÁTICA EM AÇÃO E VOCÊ PODE TOCAR NISSO.

VOCÊ VAI PRECISAR DE

- LÁPIS COM BORRACHA
- BANDEJA DE ALUMÍNIO
- BANDEJA DE POLIESTIRENO
- LÃ
- TACHINHA

ETAPA 1

VIRE A BANDEJA DE ALUMÍNIO DE CABEÇA PARA BAIXO E FAÇA UM FURO NO CENTRO USANDO A TACHINHA.

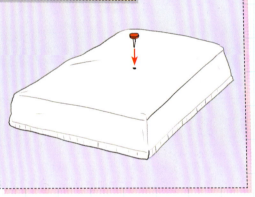

ETAPA 2

VIRE A BANDEJA E EMPURRE A BORRACHA NA EXTREMIDADE DO LÁPIS NA TACHINHA.

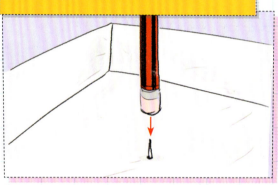

ETAPA 3

ESFREGUE VIGOROSAMENTE A LÃ NA BANDEJA DE POLIESTIRENO POR DOIS MINUTOS. SE NÃO TIVER LÃ, PODE ESFREGAR O POLIESTIRENO NO CABELO. ISSO TAMBÉM FUNCIONA. VOCÊ NÃO VAI FICAR NADA ESQUISITO.

ETAPA 4

USANDO O LÁPIS, ABAIXE A BANDEJA DE ALUMÍNIO NA BANDEJA DE POLIESTIRENO. APROXIME O DEDO DA BANDEJA DE ALUMÍNIO E VOCÊ VAI VER UMA PEQUENA FAÍSCA. PODE SER NECESSÁRIO FAZER ISSO EM UMA SALA ESCURA PARA VER DIREITO. LEVANTE A BANDEJA DE ALUMÍNIO PARA CIMA E PARA LONGE DO POLIESTIRENO E COLOQUE-A PARA BAIXO DE NOVO. CADA VEZ VOCÊ DEVE VER UMA FAÍSCA. SE PARAR DE FUNCIONAR, ESFREGUE A LÃ NA BANDEJA DE POLIESTIRENO NOVAMENTE.

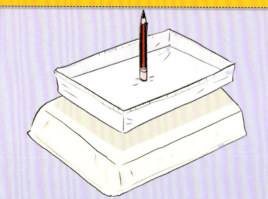

DIFERENTES TIPOS DE RAIOS

PARA SE TORNAR UM ESPECIALISTA EM RAIOS, VOCÊ DEVE ENTENDER OS DIFERENTES TIPOS DE RAIOS. O RAIO É UMA FORMA DE ELECTRICIDADE. ISSO ACONTECE QUANDO MUITO AR QUENTE E FRIO SE ENCONTRAM DENTRO DE UMA NUVEM: O AR FRIO TEM CRISTAIS DE GELO E O AR QUENTE TEM GOTÍCULAS DE ÁGUA. DURANTE A TEMPESTADE, AS GOTÍCULAS E OS CRISTAIS ESBARRAM UNS NOS OUTROS E SE ESFREGAM, ACUMULANDO UMA CARGA ESTÁTICA COMO A SUA BANDEJA DE POLIESTIRENO. EVENTUALMENTE, A CARGA PULA PARA O CHÃO COMO UM RAIO.

SOLO

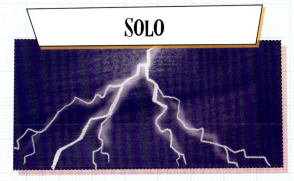

RAIOS DO SOLO PARECEM LINHAS IRREGULARES DE LUZ ESPALHADAS PELO CÉU. ESSES PODEM TER VÁRIAS LINHAS DIFERENTES, COMO GALHOS DE UMA ÁRVORE. PODEM SER VISTO DISPARANDO DA NUVEM PARA O CHÃO, DE UMA NUVEM PARA OUTRA, OU DE UMA NUVEM PARA O AR.

NUVEM

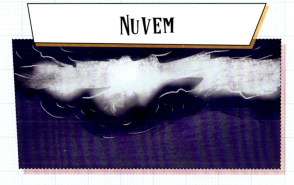

ESTE TIPO DE RAIO ACONTECE DENTRO DA NUVEM. POR CAUSA DISSO, RAIOS APARECEM COMO UM FLASH QUE PODE DE REPENTE ILUMINAR O CÉU ACIMA DE SUA CASA.

ST ELMO

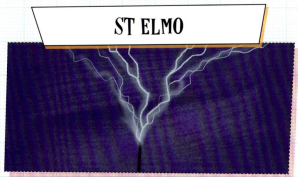

ESTE TIPO DE RAIO APARECE COMO UMA BOLA BRILHANTE DE LUZ PERTO DE OBJETOS PONTIAGUDOS, COMO O MASTRO DE UM NAVIO, TORRES DE IGREJA OU CHAMINÉS.

VOCÊ SABE A QUE DISTÂNCIA ESTÁ UMA TEMPESTADE?

AGORA VAI SABER. É MUITO FÁCIL, NA VERDADE. DA PRÓXIMA VEZ QUE OUVIR UMA TEMPESTADE, CONTE O NÚMERO DE SEGUNDOS ENTRE UM ESTRONDO DE TROVÃO E UM RAIO. DIVIDA O NÚMERO DE SEGUNDOS POR CINCO E A SUA RESPOSTA É A QUANTAS MILHAS A TEMPESTADE ESTÁ. ASSIM, SE HÁ CINCO SEGUNDOS ENTRE O RAIO E O TROVÃO, ENTÃO VOCÊ DIVIDIRIA CINCO POR CINCO, QUE É UM. A TEMPESTADE ESTÁ A UMA MILHA DE DISTÂNCIA. MUITO ESPERTO, NÉ?

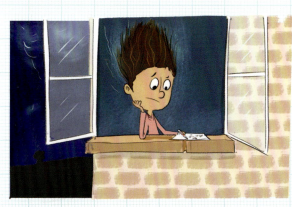

AR QUENTE, AR FRIO

Só PARA AVISAR, ESTA PODE SER CONFUSA.
VOCÊ ESTÁ AO AR LIVRE E LONGE DE QUALQUER
COISA PRECIOSA? OK. ESTÁ USANDO SAPATOS
DE BORRACHA? OK. TEM UM IRMÃO MAIS
NOVO POR PERTO PARA JOGAR A CULPA!

VOCÊ VAI PRECISAR DE

- 4 GARRAFAS PLÁSTICAS VAZIAS DE 2 LITROS
- ÁGUA MORNA E FRIA
- 2 PEDAÇOS DE CARTOLINA QUADRADA DE 4 POLEGADAS
- CORANTE ALIMENTAR AZUL E AMARELO

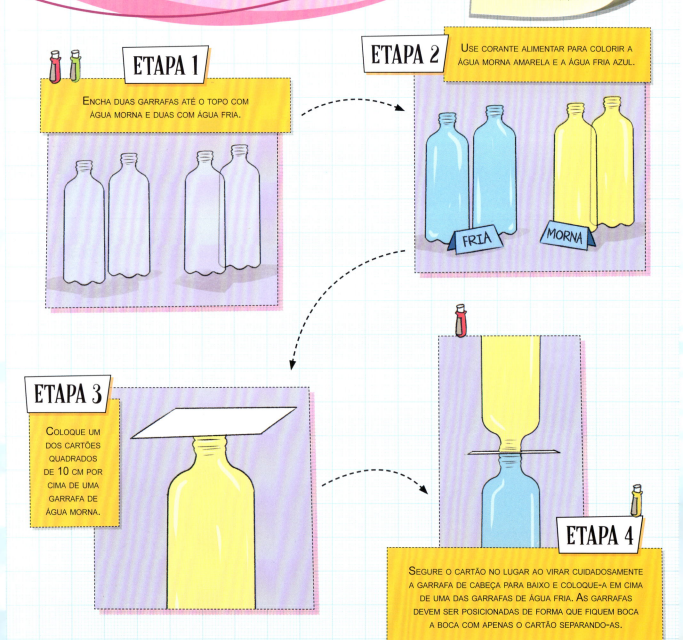

ETAPA 1

ENCHA DUAS GARRAFAS ATÉ O TOPO COM ÁGUA MORNA E DUAS COM ÁGUA FRIA.

ETAPA 2

USE CORANTE ALIMENTAR PARA COLORIR A ÁGUA MORNA AMARELA E A ÁGUA FRIA AZUL.

FRIA

MORNA

ETAPA 3

COLOQUE UM DOS CARTÕES QUADRADOS DE 10 CM POR CIMA DE UMA GARRAFA DE ÁGUA MORNA.

ETAPA 4

SEGURE O CARTÃO NO LUGAR AO VIRAR CUIDADOSAMENTE A GARRAFA DE CABEÇA PARA BAIXO E COLOQUE-A EM CIMA DE UMA DAS GARRAFAS DE ÁGUA FRIA. AS GARRAFAS DEVEM SER POSICIONADAS DE FORMA QUE FIQUEM BOCA A BOCA COM APENAS O CARTÃO SEPARANDO-AS.

ETAPA 5

DESLIZE CUIDADOSAMENTE O CARTÃO PARA FORA ENTRE AS DUAS GARRAFAS. CERTIFIQUE-SE DE SEGURAR NA GARRAFA SUPERIOR QUANDO REMOVER O CARTÃO.

O QUE ACONTECE COM OS LÍQUIDOS COLORIDOS NAS DUAS GARRAFAS?

ETAPA 6

REPITA AS ETAPAS 3 A 5, MAS DESTA VEZ COLOQUE A GARRAFA FRIA DE ÁGUA EM CIMA DA DE ÁGUA MORNA. O RESULTADO MUDA?

COMO FUNCIONA?

OS BALÕES DE AR QUENTE SOBEM PORQUE O AR QUENTE É MAIS LEVE QUE O AR FRIO. DA MESMA FORMA, A ÁGUA MORNA É MAIS LEVE (MENOS DENSA) DO QUE A ÁGUA FRIA. QUANDO A GARRAFA CONTENDO A ÁGUA MAIS QUENTE É COLOCADA EM CIMA, A ÁGUA FRIA MAIS DENSA FICA NO FUNDO E A ÁGUA QUENTE MENOS DENSA FICA PRESA NA GARRAFA DE CIMA.

NO ENTANTO, QUANDO VOCÊ VIRA O EXPERIMENTO E A ÁGUA FRIA FICA EM CIMA DA ÁGUA MORNA, A ÁGUA MORNA SOBE PARA A GARRAFA DE CIMA E A ÁGUA FRIA AFUNDA. O MOVIMENTO DA ÁGUA PODE SER VISTO CLARAMENTE QUANDO AS ÁGUAS DE COR AMARELA E AZUL SE MISTURAM, CRIANDO UM LÍQUIDO VERDE.

SAIBA QUE HORAS SÃO, SEM PILHAS!

ANTES DOS RELÓGIOS, AS PESSOAS USAVAM OS RELÓGIOS DE SOL PARA DIZER AS HORAS. HÁ MUITO, MUITO TEMPO. DEPOIS DOS DINOSSAUROS, MAS PROVAVELMENTE ANTES DOS ADULTOS À SUA VOLTA. PERGUNTE PARA ELES.

VOCÊ VAI PRECISAR DE

- VASO DE FLORES
- FOLHA DE CARTOLINA AMARELA
- FOLHA DE CARTOLINA VERMELHA
- LÁPIS
- ESPETOS DE MADEIRA, PELO MENOS 30 CM DE ALTURA
- TESOURAS
- MASSA DE MODELAR
- COLA BRANCA
- RÉGUA

ETAPA 1

NA METADE DO CARTÃO AMARELO, USE O LÁPIS PARA DESENHAR UMA FORMA DE SOL COM MUITOS RAIOS. QUANDO ACERTAR, CORTE COM CUIDADO.

ETAPA 2

NA OUTRA METADE DO CARTÃO AMARELO, DESENHE UM CÍRCULO. DEPOIS DE CORTÁ-LO, USE A COLA PARA COLÁ-LO NA PARTE DE TRÁS DO SOL PARA AUMENTAR A FORÇA

ETAPA 3

PEÇA A UM ADULTO PARA AJUDÁ-LO A FAZER UM BURACO NO CENTRO DO SEU SOL E EMPURRE O ESPETO DE MADEIRA PELO BURACO.

ETAPA 4

VIRE O VASO DE CABEÇA PARA BAIXO E EMPURRE O FUNDO DO ESPETO ATRAVÉS DO BURACO NO VASO. PEGUE A SUA MASSINHA DE MODELAR E USE-A PARA GRUDAR O ESPETO NO VASO. O ESPETO DEVE ESTAR PELO MENOS 20 CM ACIMA DO VASO.

Coloque o relógio de Sol no Sol. Ao meio-dia, pegue o lápis e escreva o número 12 onde estiver a sombra do palito. Repita isso a cada hora, até o pôr do Sol. Repita novamente ao amanhecer do dia seguinte para completar o mostrador do relógio.

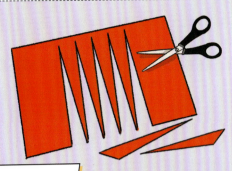

ETAPA 5

No seu cartão vermelho, desenhe muitos raios de Sol longos e pontiagudos e corte-os. Cole-os na parte inferior do cartão amarelo, de modo que a cor dos raios fiquem alternadas.

COMO FUNCIONA?

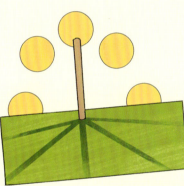

O Sol nasce no Leste a cada manhã e se põe no Oeste todas as noites. Embora o horário do nascer e do pôr do Sol mude com as estações, o Sol sempre aparece na mesma direção em um determinado momento. Como a direção do Sol muda durante um dia, a sombra que ele faz sobre o espeto de madeira muda de direção também. Mapear essas direções com um relógio de Sol permite saber que horas são.

SEGURE UM TORNADO EM SUAS MÃOS

TUDO O QUE É PRECISO É UM POUCO DE CORANTE ALIMENTAR, UM POUCO DE ÁGUA E **ABRACADABRA...** O QUE VOCÊ ESTÁ FAZENDO? É CIÊNCIA, NÃO MÁGICA, BOBINHO.

VOCÊ VAI PRECISAR DE

- 2 GARRAFAS PLÁSTICAS VAZIAS DE 2 LITROS
- FITA FORTE
- MASSA DE MODELAR
- COPO MEDIDOR
- CORANTE ALIMENTAR
- UM ADULTO COM ALGUMAS FERRAMENTAS
- TESOURAS
- ÁGUA
- RÉGUA

ETAPA 1

TIRE AS TAMPAS DAS GARRAFAS E COLOQUE UMA DE CABEÇA PARA BAIXO EM CIMA DA MASSINHA DE MODELAR. PEÇA A UM ADULTO PARA FAZER UM BURACO NO MEIO DELA, COM CERCA DE 1 CM DE LARGURA USANDO UM MARTELO E PREGO (OU UMA BROCA). REPITA COM A OUTRA TAMPA.

ETAPA 2

ENCHA A JARRA DE MEDIÇÃO COM ÁGUA E ADICIONE ALGUMAS GOTAS DE CORANTE ALIMENTAR. VOCÊ VAI ENCHER UMA DAS GARRAFAS, POR ISSO TALVEZ PRECISE FAZER MAIS DE UMA VEZ.

ETAPA 4

COLOQUE AS TAMPAS EM AMBAS AS GARRAFAS O MAIS FIRMEMENTE POSSÍVEL. TALVEZ PEDIR A UM ADULTO PARA FAZER ESTE PASSO COM VOCÊ. SÓ PARA SE SENTIREM ÚTEIS.

ETAPA 5

ETAPA 3

DESPEJE A ÁGUA COLORIDA EM UMA DAS GARRAFAS, ENCHENDO-A ATÉ O TOPO.

COLOQUE A GARRAFA VAZIA DE CABEÇA PARA BAIXO EM CIMA DA GARRAFA CHEIA DE ÁGUA. TENTE ALINHAR OS BURACOS NAS TAMPAS.

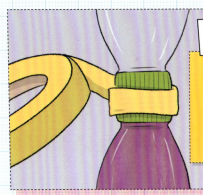

ETAPA 6

Peça a um adulto para ajudá-lo a enrolar muita fita forte em torno das tampas das garrafas. Enrole firmemente para que nenhuma água passe.

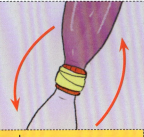

ETAPA 7

Incline suavemente as garrafas de cabeça para baixo, mantendo as tampas alinhadas.

ETAPA 8

Segurando a garrafa inferior com uma mão, segure as tampas e mova as garrafas em círculos. Girar as garrafas faz com que a água gire, criando um vórtice. À medida que o vórtice gira, você deve ser capaz de ver a água drenando da garrafa de cima para a de baixo.

COMO FUNCIONA?

Quando você vira as garrafas, a garrafa inferior está cheia de ar, o que bloqueia o buraco estreito. A água só pode cair se o ar flutuar para que você veja pequenos pingos e pequenas bolhas. Quando você agita a garrafa, isso cria um túnel de espaço no meio da água. O ar é sugado para dentro do túnel em um fluxo constante, e a água jorra para substituí-lo.

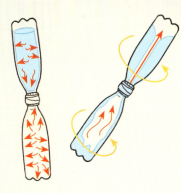

CONSTRUA SUA PRÓPRIA ESTAÇÃO METEOROLÓGICA

VOCÊ VAI PRECISAR DE

- FOLHA GRANDE DE CARTÃO
- MASSINHA DE MODELAR
- LÁPIS COM BORRACHA
- ALFINETE
- PAPEL CANUDO
- COLA
- TESOURA
- BÚSSOLA
- RÉGUA

ETAPA 1

CORTE UM GRANDE QUADRADO DO SEU PEDAÇO DE CARTÃO E ESCREVA N(ORTE), S(UL), L(ESTE) E O(ESTE) AO REDOR DOS LADOS. EM SEGUIDA, DECORE COMO QUISER.

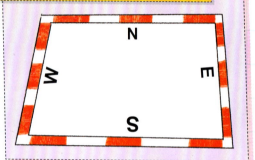

ETAPA 2

CORTE UMA FENDA DE 3 CM EM CADA EXTREMIDADE DO CANUDO. DESENHE UMA SETA E UMA CAUDA NO RESTO DO CARTÃO. A CAUDA DEVE SER MAIOR DO QUE A SETA. CORTE-OS E DESLIZE-OS NAS FENDAS EM CADA EXTREMIDADE DO CANUDO. ADICIONE UM POUCO DE COLA SOBRE AS FENDAS PARA MANTÊ-LAS NO LUGAR.

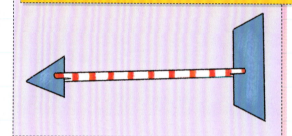

ETAPA 3

COLOQUE UMA BOLA DE MASSINHA DE MODELAR NO CENTRO DA BÚSSOLA DO SEU CARTÃO. PRESSIONE A PONTA PONTIAGUDA DO LÁPIS NA MASSINHA DE MODELAR, PARA QUE ESSE GRUDE RETO.

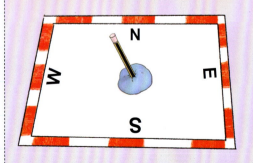

ETAPA 4

ANEXE O CENTRO DO CANUDO NA PARTE DE CIMA DO LÁPIS USANDO O ALFINETE. EMPURRE UMA EXTREMIDADE DA SETA PARA GARANTIR QUE ESSA GIRE FACILMENTE. SE ESTIVER DURA, MEXA O ALFINETE PARA FICAR MAIS SOLTO.

PARTE 1: CATA-VENTO

A PRIMEIRA PARTE DA SUA ESTAÇÃO METEOROLÓGICA É ESTE CATA-VENTO, QUE VOCÊ PODE USAR PARA REGISTRAR A DIREÇÃO DO VENTO AO LONGO DE UMA SEMANA. (VÁ PARA A PÁGINA 64 PARA OBTER UMA MANEIRA DE REGISTRAR SUAS DESCOBERTAS)

ETAPA 5

PEGUE A BÚSSOLA E ENCONTRE O NORTE. VIRE A BÚSSOLA DO SEU CARTÃO PARA QUE O SEU MARCADOR NORTE E A SETA NA BÚSSOLA CORRESPONDAM.

ETAPA 6

AO MESMO TEMPO TODOS OS DIAS, SAIA E REGISTRE A DIREÇÃO DA QUAL O VENTO ESTÁ VINDO EM SEU GRÁFICO (PÁGINA 64). O VENTO MUDOU DE DIREÇÃO? SERÁ QUE SOPRA EM UMA DIREÇÃO MAIS FREQUENTEMENTE DO QUE EM OUTRAS?

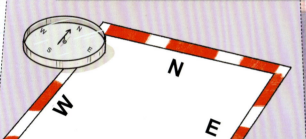

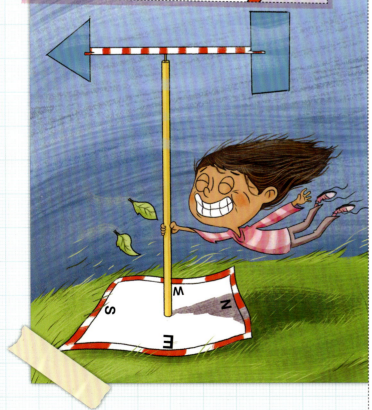

COMO FUNCIONA?

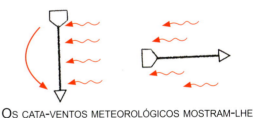

OS CATA-VENTOS METEOROLÓGICOS MOSTRAM-LHE A DIREÇÃO DE ONDE O VENTO SOPRA. VÁ PARA FORA EM UM DIA COM BASTANTE VENTO E ESTIQUE O BRAÇO DIREITO AO VENTO. ENTÃO VIRE-SE PARA APONTAR O BRAÇO DIRETAMENTE PARA O VENTO. O QUE É MAIS FÁCIL? O CATA-VENTO É COMO O SEU BRAÇO. ESSE GIRA PARA QUE O MÍNIMO POSSÍVEL ESTEJA VOLTADO PARA O VENTO. ESTE É O PONTO DE MENOR RESISTÊNCIA. É POR ISSO QUE A SETA DO CATA-VENTO DEVE SER LIGEIRAMENTE MENOR DO QUE A CAUDA, PARA QUE SEMPRE APONTE PARA A DIREÇÃO DE ONDE O VENTO SOPRA.

É ÚTIL PARA OS METEOROLOGISTAS SABEREM PARA QUAL LADO O VENTO ESTÁ SOPRANDO. SE HÁ CÉU ENSOLARADO NO LESTE E NUVENS DE TEMPESTADE NO NORTE, E ELES PODEM MEDIR QUE HÁ UM VENTO NORTE SOPRANDO, ELES SABEM QUE É HORA DE FECHAR AS JANELAS.

PARTE 2: BARÔMETRO

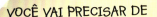

VOCÊ VAI PRECISAR DE

- JARRA VAZIA
- ELÁSTICO DE BORRACHA
- FITA TRANSPARENTE
- BALÃO
- TESOURAS
- CANUDO
- PEDAÇO DE CARTOLINA
- CANETA MARCADORA

VOCÊ PODE PREVER O TEMPO OBSERVANDO E REGISTANDO OS MOVIMENTOS DE UM BARÔMETRO. É COMO MAGIA, MAS É CIÊNCIA!

ETAPA 1

CORTE A PARTE SUPERIOR DE UM BALÃO PARA QUE VOCÊ TENHA UM CÍRCULO DE BORRACHA ELÁSTICA.

ETAPA 2

PUXE O CÍRCULO DE BORRACHA SOBRE A PARTE SUPERIOR DO JARRO E SELE A BORDA COM UM ELÁSTICO. A BORRACHA DEVE SER FIRMEMENTE ESTICADA COMO A PELE DE UM TAMBOR.

ETAPA 3

USE UM PEDAÇO CURTO DE FITA ADESIVA PARA PRENDER O CANUDO NO MEIO DO CÍRCULO DE BORRACHA.

ETAPA 4

MEÇA AS LINHAS EM UM PEDAÇO ALTO DE CARTOLINA E COLOQUE-O NA VERTICAL PARA QUE A PONTA DO CANUDO TOQUE A LINHA. NUMERE AS LINHAS PARA QUE VOCÊ POSSA ACOMPANHAR O QUANTO O CANUDO CAI OU SOBE.

ETAPA 5

COLOQUE O BARÔMETRO DO LADO DE FORA E VERIFIQUE-O TODOS OS DIAS PARA VER SE O NÍVEL MUDOU. ANOTE O NOVO NÍVEL NO CADERNO COMO UM CIENTISTA DE VERDADE.

COMO FUNCIONA?

UM BARÔMETRO MEDE A PRESSÃO ATMOSFÉRICA. À MEDIDA QUE A PRESSÃO AUMENTA, ESSE EMPURRA O BALÃO PARA BAIXO, O QUE FAZ O CANUDO SUBIR. A PRESSÃO ATMOSFÉRICA CONSTANTE OU CRESCENTE SIGNIFICA QUE HAVERÁ BOM TEMPO. UMA QUEDA REPENTINA NA PRESSÃO DO AR É UM SINAL DE CHUVA OU TEMPESTADES.

PARTE 3: MEDIDOR DE CHUVA

QUEM DISSE QUE NÃO VOCÊ NÃO PODE BRINCAR LÁ FORA PORQUE VAI CHOVER? SE COMEÇAR A CHOVER FORTE, VOCÊ VAI PRECISAR DE UM MEDIDOR MAIOR...

VOCÊ VAI PRECISAR DE

- GARRAFA DE PLÁSTICO DE 2 LITROS VAZIA
- TESOURAS
- PUNHADO DE PEDRAS
- FITA ADESIVA
- RÉGUA
- CANETA MARCADORA
- ÁGUA

ETAPA 1

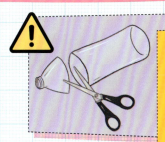

USE CUIDADOSAMENTE A TESOURA PARA CORTAR A PARTE SUPERIOR DA GARRAFA LOGO ABAIXO DE SUA PARTE MAIS LARGA

ETAPA 2

COLOQUE AS PEDRAS NO FUNDO DA GARRAFA. ISTO DEVE IMPEDIR QUE ESSA SAIA VOANDO.

ETAPA 3

RETIRE A TAMPA E COLOQUE A PARTE SUPERIOR DA GARRAFA DE CABEÇA PARA BAIXO NA PARTE INFERIOR DA GARRAFA PARA QUE A PARTE SUPERIOR ESTEJA DENTRO E APONTANDO PARA BAIXO. PRENDA AS DUAS PEÇAS JUNTAS COM FITA.

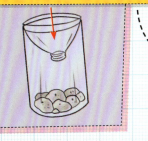

ETAPA 4

COLOQUE UMA TIRA DE FITA ADESIVA EM UM LADO DA GARRAFA. USE UM MARCADOR PARA DESENHAR UMA LINHA LOGO ACIMA DAS PEDRAS. PEGUE UMA RÉGUA E COLOQUE-A CONTRA A FITA PARA QUE O ZERO FIQUE NA LINHA. DESENHE UMA LINHA A CADA CENTÍMETRO ATÉ CHEGAR AO TOPO.

ETAPA 5

COLOQUE A GARRAFA SOBRE UMA SUPERFÍCIE NIVELADA E DESPEJE UM POUCO DE ÁGUA ATÉ ATINGIR O ZERO. O SEU MEDIDOR DE CHUVA ESTÁ PRONTO!

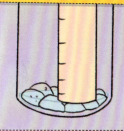

ETAPA 6

VERIFIQUE FREQUENTEMENTE PARA SE CERTIFICAR DE QUE A ÁGUA NÃO EVAPOROU ABAIXO DO ZERO; SE TIVER, REABASTEÇA-A. DEPOIS DE TER CHOVIDO E TER FEITO A SUA MEDIÇÃO, ESVAZIE A ÁGUA E REABASTEÇA ATÉ O ZERO, PRONTO PARA O PRÓXIMO DIA CHUVOSO.

COMO FUNCIONA?

AO OLHAR PARA O NÍVEL DE ÁGUA NA GARRAFA E AS LINHAS DE MEDIÇÃO, VOCÊ PODE DESCOBRIR QUANTA CHUVA CAIU NAQUELE DIA EM UM DETERMINADO LOCAL, EXEMPLO, SE CHOVEU FORTE E VOCÊ OLHOU PARA O SEU MEDIDOR, O NÍVEL DE ÁGUA PODE SUBIR PARA OS 2 CM MARCA. ISSO SIGNIFICA QUE 2 CM DE CHUVA CAÍRAM NAQUELE PONTO.

PARTE 4: ANEMÔMETRO

VOCÊ VAI PRECISAR DE

- 5 COPOS DE PAPEL
- 2 CANUDOS
- TACHINHA
- LÁPIS COM BORRACHA
- FITA ADESIVA
- FURADOR DE PAPEL
- CANETA MARCADORA
- VASO DE PLANTA PESADO
- SOLO
- CRONÔMETRO

ETAPA 1

PEGUE QUATRO DOS COPOS DE PAPEL E USE O FURADOR PARA FAZER UM FURO EM CADA, 2 CM ABAIXO DA BORDA. USE A CANETA MARCADORA PARA DESENHAR UM X NA PARTE INFERIOR DE UM DOS COPOS.

ETAPA 2

PEGUE O QUINTO COPO E PERFURE QUATRO BURACOS IGUALMENTE ESPAÇADOS 2 CM ABAIXO DA BORDA. COM CUIDADO, FAÇA UM FURO NO CENTRO DA PARTE INFERIOR DO COPO USANDO UMA TACHINHA.

ETAPA 3

PEGUE UM DOS COPOS DE UM BURACO E EMPURRE UM CANUDO ATRAVÉS DO BURACO. DOBRE A EXTREMIDADE DO CANUDO E COLE-O NO INTERIOR DO COPO. REPITA ESTE PASSO NOVAMENTE COM OUTRO COPO DE UM BURACO E O OUTRO CANUDO.

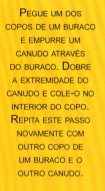

ETAPA 4

DESLIZE UM DOS CANUDOS DA ETAPA 3 ATRAVÉS DE DOIS BURACOS OPOSTOS NO COPO DE QUATRO BURACOS. DESLIZE UM COPO DE UM BURACO PARA A OUTRA EXTREMIDADE DO CANUDO. AS ABERTURAS DOS DOIS COPOS PRECISAM ESTAR VOLTADAS EM DIREÇÕES OPOSTAS.

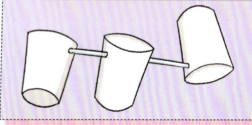

ETAPA 5

PRENDA O NOVO COPO NO CANUDO DA MESMA FORMA QUE FEZ NA ETAPA 3. EM SEGUIDA, REPITA O PROCESSO COM OS OUTROS COPOS PARA FAZER UMA CRUZ COM UM COPO EM CADA EXTREMIDADE.

ETAPA 6

COLOQUE O COPO DE QUATRO FUROS DE CABEÇA PARA BAIXO NA MESA, DE MODO QUE O FURO NO FUNDO ESTEJA VOLTADO PARA CIMA. EMPURRE O LÁPIS ATRAVÉS DO BURACO DA TACHINHA, CERTIFICANDO-SE DE QUE A EXTREMIDADE DA BORRACHA ESTÁ DENTRO DO COPO.

Os anemômetros são medidores de velocidade do vento. Quanto mais rápido o vento, mais rápido o anemômetro gira. Gira e gira, quando para, um copo deve ter caído. Oops.

ETAPA 7

Empurre a tachinha através dos dois canudos onde esses se cruzam e para baixo na borracha, até onde chegar.

Encha o vaso com terra e empurre a terra para baixo com força até ficar sólida. Empurre a ponta pontiaguda do lápis na terra, fundo o suficiente para que o anemômetro possa ficar de pé por conta própria. Leve-o para fora e coloque-o ao ar livre, longe de árvores e arbustos.

ETAPA 8

ETAPA 9

Agarre no cronômetro e aguarde o vento girar o anemômetro. Quando o fizer, inicie o cronômetro e veja quantas vezes vê o X vermelho na parte inferior do copo em 60 segundos. Grave esse número em seu gráfico (página 64) e tente novamente amanhã. Hoje está ventando mais ou menos?

VENTOS EM TODO O MUNDO

A sua estação meteorológica dir-lhe-á a que velocidade e direção o vento sopra a cada dia. Depois de um tempo, você pode começar a notar que os ventos mais fortes sopram mais frequentemente de uma direção em particular. Isto é chamado de vento predominante. Os ventos predominantes ao redor do mundo formam padrões, criados pela rotação da Terra, a diferença de temperatura entre os trópicos quentes e regiões polares frias, e até mesmo correntes oceânicas.

PARTE 5: TERMÔMETRO

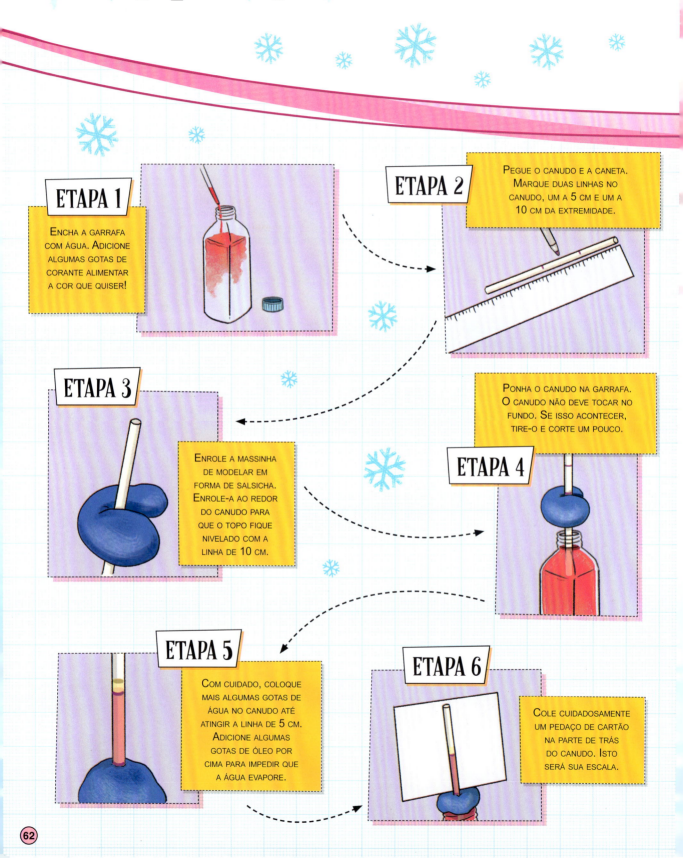

ETAPA 1

ENCHA A GARRAFA COM ÁGUA. ADICIONE ALGUMAS GOTAS DE CORANTE ALIMENTAR A COR QUE QUISER!

ETAPA 2

PEGUE O CANUDO E A CANETA. MARQUE DUAS LINHAS NO CANUDO, UM A 5 CM E UM A 10 CM DA EXTREMIDADE.

ETAPA 3

ENROLE A MASSINHA DE MODELAR EM FORMA DE SALSICHA. ENROLE-A AO REDOR DO CANUDO PARA QUE O TOPO FIQUE NIVELADO COM A LINHA DE 10 CM.

ETAPA 4

PONHA O CANUDO NA GARRAFA. O CANUDO NÃO DEVE TOCAR NO FUNDO. SE ISSO ACONTECER, TIRE-O E CORTE UM POUCO.

ETAPA 5

COM CUIDADO, COLOQUE MAIS ALGUMAS GOTAS DE ÁGUA NO CANUDO ATÉ ATINGIR A LINHA DE 5 CM. ADICIONE ALGUMAS GOTAS DE ÓLEO POR CIMA PARA IMPEDIR QUE A ÁGUA EVAPORE.

ETAPA 6

COLE CUIDADOSAMENTE UM PEDAÇO DE CARTÃO NA PARTE DE TRÁS DO CANUDO. ISTO SERÁ SUA ESCALA.

SABER A TEMPERATURA DO AR EXTERIOR É MUITO ÚTIL AO DECIDIR QUANTOS PARES DE MEIAS COLOCAR, OU SE COMBINAR O SEU CHAPÉU DE LÃ COM ROUPA DE BANHO É UMA BOA IDEIA. A PROPÓSITO, A RESPOSTA É NÃO. NUNCA É UMA BOA IDEIA.

VOCÊ VAI PRECISAR DE

- GARRAFA DE VIDRO PEQUENA
- CORANTE ALIMENTAR
- CANUDO TRANSPARENTE
- MASSINHA DE MODELAR
- CANETA MARCADORA
- TESOURA
- TERMÔMETRO TRADICIONAL
  ÁGUA QUENTE
- GELO (OPCIONAL)
- UM ADULTO
- PEDAÇO DE CARTÃO
- UM ADULTO
- RÉGUA

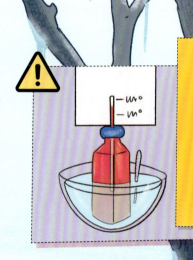

ETAPA 7

PEÇA A UM ADULTO PARA COLOCAR A GARRAFA E O TERMÔMETRO TRADICIONAL EM UMA TIGELA DE ÁGUA QUENTE. VOCÊ DEVE VER O NÍVEL NO CANUDO COMEÇAR A SUBIR. A CADA POUCOS MINUTOS, MARQUE UMA LINHA NA SUA ESCALA E ESCREVA A TEMPERATURA DO TERMÔMETRO TRADICIONAL AO LADO DESSE. À MEDIDA QUE A ÁGUA ESFRIA, O NÍVEL DE ÁGUA NO CANUDO DESCE. SE VOCÊ QUISER MEDIR TEMPERATURAS MAIS BAIXAS, FAÇA O MESMO COM UMA TIGELA DE ÁGUA GELADA.

ETAPA 8

LEVE A GARRAFA PARA FORA E COLOQUE EM UM LUGAR NO QUAL NÃO SEJA PERTURBADA. TODOS OS DIAS, NO MESMO HORÁRIO, SAIA E REGISTRE A TEMPERATURA EM SEU GRÁFICO (PÁGINA 64).

COMO FUNCIONA?

A ÁGUA É FEITA DE PARTÍCULAS MINÚSCULAS CHAMADAS MOLÉCULAS. ESSAS MOLÉCULAS NUNCA PARAM DE SE MOVER. QUANDO FICA QUENTE, AS MOLÉCULAS FICAM LOUCAS E DANÇAM, O QUE FAZ A ÁGUA SE EXPANDIR, EMPURRANDO-SE PARA DENTRO DO CANUDO E FAZENDO O NÍVEL SUBIR. SE ESFRIAR, AS MOLÉCULAS SE MOVEM LENTAMENTE. ISSO FAZ COM QUE O NÍVEL DE ÁGUA NO CANUDO CAIA.

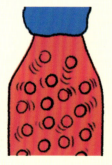
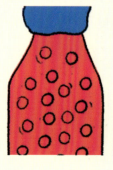

EM SUAS ESTAÇÕES

Todos os cinco experimentos de estações meteorológicas podem ser reunidos para construir uma superestação meteorológica! Abaixo está um exemplo de um gráfico que você pode fazer para agrupar (jargão de cientista para coletar e reunir) seus resultados por uma semana. Você consegue ver algum padrão? A temperatura é sempre baixa quando está nublado? O vento sopra em uma direção com mais frequência?

Meu Gráfico Meteorológico

	SEG	TER	QUA	QUI	SEX	SÁB	DOM
CLIMA	☀	☀	☁	⛈	🌧	🌦	☀
(vento/direção)	← 0 0 ←		↓ S	→ L	→ L	N ↑	NENHUM VENTO
VELOCIDADE DO VENTO	4	2	2	8	6	2	0
PRESSÃO	↓ GRANDE MUDANÇA	NENHUMA MUDANÇA	↑ PEQUENA MUDANÇA	↓ PEQUENA MUDANÇA	↑ GRANDE MUDANÇA	NENHUMA MUDANÇA	↓ PEQUENA MUDANÇA
🌡	17°	19°	9°	11°	10°	14°	18°
🌧	0 CM	2 CM	3 CM	8 CM	6 CM	5 CM	2 CM

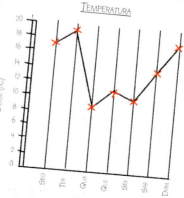

Temperatura

Graus (°C)

Dias da semana

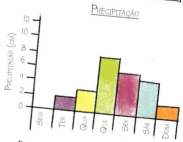

Precipitação

Precipitação (cm)

Precipitação total essa semana = 26 cm
Diferença da semana passada = 15 cm
Dia com maior precipitação = quinta-feira